Voix de femme

Jean Abitbol

Voix de femme

Odile Jacob

L'auteur remercie Lucie Marignac qui l'a éclairé de façon très pertinente dans la synthèse de cet ouvrage, avec beaucoup d'indulgence et de discernement.

15, rue Soufflot, 75005 Paris

www.odilejacob.fr

ISBN : 978-2-7381-4675-5

À ces voix de femmes
qui nous font tant rêver.

AVANT-PROPOS

Pourquoi la voix de la femme ?

Pourquoi cette passion pour la voix et la voix féminine ? Nombre de femmes la considèrent comme une entité indépendante, une individualité autonome, la partie vibrante d'elles-mêmes. Ce qui est rare chez les hommes, sauf chez les artistes et les avocats. Très fréquemment, la femme parle de sa voix à la troisième personne, elle la juge, elle l'insulte ou elle l'adore : « Ma voix est bien aujourd'hui », « Elle m'a trahie », « Je dois la ménager »... « Depuis le décès de ma mère, m'a dit une patiente, ma voix vient d'outre-tombe. » Émouvante entre toutes, la voix féminine est aussi éminemment émotionnelle.

Ce livre est un voyage dans le cycle de la vie, depuis la voix maternelle, qui nous berce bien avant notre naissance et peut conditionner toute notre existence, jusqu'à l'émotion que suscitent en nous les grandes divas. De l'enfance à la vieillesse, la voix de la femme se modifie et évolue beaucoup plus que celle de l'homme. Entre douceur et force, c'est une arme de séduction ou d'attaque. Or la voix, parole et musique de l'âme, immanente et transcendante, est unique. La photographie d'un être aimé et perdu nous rend triste, tandis que le son de sa voix nous fait pleurer.

Introduction

Tout a vraiment commencé pour moi en 1992, face au désarroi d'une jeune enseignante en école maternelle dont la voix se cassait régulièrement depuis dix ans. Dans son métier, elle ne pouvait pas s'abstenir de parler ni de chanter. Prescrire un traitement était simple mais insuffisant. Il fallait trouver la cause de cette pathologie. Cela faisait près de sept ans que je soignais des avocates, des enseignantes et des chanteuses présentant tous les mois des problèmes de voix. J'avais compris depuis longtemps, en accompagnant mon épouse gynécologue à des congrès internationaux, que l'hormonologie conditionne leur vie, je devrais dire notre vie. Comme oto-rhino-laryngologiste et phoniatre, j'ai entrepris une étude sur ce phénomène cyclique que j'ai appelé le syndrome vocal prémenstruel. L'impact des hormones œstro-progestatives était hautement vraisemblable dans les difficultés vocales récurrentes de ces femmes. Pendant sept ans, j'ai suivi 100 patientes âgées de 21 à 37 ans en intégrant les paramètres hormonaux, les données d'observation anatomiques des cordes vocales et les analyses acoustiques sur la fréquence et la puissance de la voix.

J'ai ainsi pu montrer que l'horloge hormonale de la femme a une influence majeure sur sa voix, bien au-delà de la seule puberté. Là est la spécificité de la voix féminine. En phase avec le cycle lunaire, elle concentre en elle-même l'essence de la vie humaine.

La fêlure des divas : Callas et Tebaldi

La voix féminine est la quintessence de la séduction et de la fragilité, comme le montre l'histoire de deux des plus grandes divas du siècle dernier. Leur « affrontement » – commencé en 1950 quand la Callas remplace au pied levé la Tebaldi dans *Aïda* – a marqué de façon impressionnante la scène de l'opéra.

Née le 1er février 1922 dans les Marches, Renata Tebaldi est élevée par sa mère passionnée de musique et de chant, qui l'encourage à rejoindre la chorale de l'église de Langhirano. Après avoir étudié à Mantoue et à Milan, elle est remarquée dans le rôle d'Elsa (*Lohengrin*) par Arturo Toscanini, qui l'engage pour chanter lors de la réouverture de la Scala le 11 mai 1946. La « voix d'ange » va resplendir sur cette scène mythique jusqu'en 1960, tout en chantant dans les plus grandes salles du monde.

En 1950, une rivale apparaît, Maria Callas. Gréco-américaine, d'un an plus jeune qu'elle, c'est une femme écorchée vive, fragile mais déterminée. Elle ne s'aime pas. Elle se trouve laide. Ses relations avec sa mère ont toujours été difficiles. Élevée dans une famille désunie, elle commence le chant à New York à l'âge de 8 ans. Elle entraîne sa voix d'enfant sur des airs de *Carmen*, mais sa technique vocale est encore assez approximative quand elle entre en 1937 au conservatoire national d'Athènes. D'abord donnée comme contralto, ses possibilités de soprano lyrique sont rapidement découvertes par son professeur Elvira Hidalgo. Il lui faut dompter sa voix, instrument capricieux et vulnérable. Travailleuse inépuisable, elle connaît ses rôles à la perfection.

Entre les divas, « la colombe contre la féline », comme l'écrivaient les journaux de l'époque, la soprano lyrique et la soprano dramatique, deux hologrammes émotionnels s'affrontent : la voix au service du chant, la voix au service de l'interprétation. Leur prétendue rivalité prend fin en 1968, après une représentation d'*Adriana Lecouvreur* au Metropolitan Opera de New York. L'accolade des deux divas fait la une des médias.

Elles ont eu l'une et l'autre une carrière riche en rebondissements. Très proche de sa mère, qui la soutenait et assistait à tous ses concerts, la Tebaldi survit mal à la disparition de celle-ci en 1959, quelques années après avoir fait ses débuts américains en Desdémone aux côtés du ténor Mario Del Monaco. Elle n'est plus que l'ombre d'elle-même, l'ombre de sa voix. À partir de 1963, alors qu'elle n'a que 41 ans, sa voix s'altère. Elle doit revoir sa technique vocale et l'ensemble de son répertoire. Son registre dans les graves s'est élargi et ses aigus deviennent métalliques. Son timbre a perdu de son moelleux, de son velours. Ce choc émotionnel a-t-il provoqué une ménopause précoce ? Les symptômes de son altération vocale m'ont fait me poser la question. Elle n'en enchaîne pas moins les triomphes dans *La Gioconda* et *La Fanciulla del West*, toujours adulée du public américain. Elle ne chante plus en Europe. En 1976, elle chante là où elle avait fait ses débuts, à la Scala de Milan, pour son dernier récital. Elle fait ses adieux à ce public qu'elle adorait et qui l'adulait. Il l'avait surnommée « la cantatrice à guichets fermés » Elle meurt chez elle, à Saint-Marin, à l'âge de 82 ans. Dans l'une de ses dernières interviews, elle déclarait ne pas regretter sa vie de célibataire. « J'ai été amoureuse plusieurs fois. C'est très bien pour une femme. Comment aurais-je pu être une femme, une mère et une chanteuse ? Qui prendrait soin du *piccolino* quand tu fais le tour du monde ? » La Tebaldi a incarné pendant près de trente ans la splendeur vocale.

Le charisme scénique, l'aura tragique, c'était Maria Callas. Mais leurs destins furent-ils si différents ? Callas, sa voix emporte les foules, le rationnel n'existe pas, c'est la voix déchirante d'émotion,

Maria Callas (1923-1977) s'impose avec sa voix expressive au vaste registre et au timbre très particulier, entre le trouble et la tempête. Renata Tebaldi (1922-2004) s'inscrit dans le classicisme de la pure soprano au timbre de velours. *La Traviata* : si Callas *est* Violetta, fragile, à la limite de la rupture, Tebaldi joue magnifiquement sans froisser sa robe vocale.

vulnérable, à la limite de la brisure. Aujourd'hui encore, elle reste *la* référence pour Tosca, Violetta, Lucia ou Norma. Sa vie tumultueuse a fait d'elle une tragédienne, une interprète qui a bouleversé l'art lyrique du xxe siècle en privilégiant le jeu de l'acteur. Elle chantait avec son corps, avec sa souffrance, avec son histoire. La voix de la Callas prenait possession de sa personne. C'était la voix de la femme combattante, agressive et si pleine de charme, féline et envoûtante. Quand elle chantait, certains attendaient la faute : « Je ne suis pas une cantatrice, mais une comédienne qui chante », disait-elle.

Mais la voix qu'elle avait domptée l'a aussi trahie. De 1949 à 1953, elle excelle dans les opéras de Bellini et les prouesses vocales qu'ils requièrent ; elle joue avec les aigus et se délecte dans les graves. Il devient difficile de chanter un rôle après elle. Mais elle ne s'aime toujours pas. Elle a beaucoup grossi. Quand elle chante *La Traviata* en 1953, elle pèse près de 100 kilos. Alors qu'elle veut ressembler à Audrey Hepburn, associer un physique qu'elle désire à la voix qu'elle possède déjà... Et en deux ans à peine, elle perd 35 kilos. Ce qui fragilise sa voix. Ses repères ne sont plus les mêmes : les caisses de résonance de son larynx, sa puissance pulmonaire, l'appui anatomique de son bas-ventre, assise de la chanteuse. Elle doit adapter sa technique à son nouvel instrument vocal, comme un poids lourd qui deviendrait un poids léger. En outre, un tel amaigrissement, nous le savons aujourd'hui, entraîne des troubles hormonaux. Les cordes vocales s'assèchent, la voix prend de la stridence. Écoutez les deux versions du même air avant et après cette période, la comparaison est éloquente.

Une telle métamorphose n'est pas sans risque. Visconti va la guider, et souvent la soutenir, dans ce chemin plein d'embûches. Pendant ce temps-là, sa personnalité s'affirme. Elle perd ses complexes. Les caprices de diva se succèdent. Elle annule des spectacles. Ou pire, la capitulation pendant le spectacle qui marquera sa carrière au fer rouge : à l'âge de 36 ans, le 2 janvier 1958, elle chante *Norma* à l'Opéra de Rome aux côtés de Franco Corelli, devant le président de la République italienne. Elle chavire. Son interprétation de « Casta Diva » est médiocre. À la fin du premier acte, elle fait l'annonce impensable : la représentation ne reprendra pas. Sa voix, étincelles de vibrations, véritable météorite, l'a trahie. Les cicatrices de la vie ont eu raison de cette voix unique, de cette voix de diva. Son existence trépidante, son hygiène de vie peu rigoureuse, son union douloureuse avec Aristote Onassis n'ont pas fait bon ménage avec les exigences extrêmes de son art. « Avec lui, disait-elle, j'ai tenté de réaliser ma vie de femme. » On dit qu'elle aurait accouché dans une clinique milanaise d'un enfant d'Onassis qui, né prématurément le 30 mars 1960, serait mort quelques heures après sa naissance.

En perdant la voix, elle perd sa raison de vivre. En juillet 1965, elle fait ses adieux à la scène avec *Tosca* au Royal Opera House de Londres. Elle donne encore quelques récitals et meurt à Paris, âgée de 53 ans. Sa carrière n'aura duré que dix-huit ans – véritable combat contre elle-même et les autres. Maria Callas dont la voix a été le reflet de sa vie. Héroïne d'opéra et de l'opéra, elle est entrée dans la légende. Si l'écouter donne encore des frissons, si, cinquante ans plus tard, la comparaison avec d'autres cantatrices est toujours d'actualité, n'est-elle pas l'actrice de son propre opéra ?

« Je suis une voix, mais aussi une femme » : Hélène et Céline

J'ai eu le privilège de rencontrer et de soigner de nombreuses chanteuses de variété et d'opéra ; deux d'entre elles ont une histoire particulière : Hélène Ségara et Céline Dion. Hélène avait été révélée au public français en 1998 dans le rôle d'Esméralda, la bohémienne au grand cœur de la comédie musicale composée par Richard Cocciante et Luc Plamondon, *Notre-Dame de Paris*, qui a connu un immense succès. Après trois mois de spectacle ininterrompus, soir après soir, et deux fois le samedi, sa voix de soprano ne tenait plus. Le rôle était très éprouvant, très technique : la chanteuse devait se donner pleinement à chaque représentation, jongler avec les tonalités, danser sur scène. Sa doublure avait pris provisoirement le relais, sans pouvoir l'assumer très longtemps. Sous traitement, Hélène reprend le rôle jusqu'à la fin. Dernier soir, dernier acte, dernière chanson : le public du palais des Congrès lui offre une *standing ovation* magnifique pour sa performance et sa ténacité.

Hélène Ségara reprenant le rôle d'Esméralda douze ans après (2011).

Mais elle enchaîne, sans pouvoir s'accorder le repos nécessaire. Et, à Montréal, c'est l'accident. Elle perd soudain sa voix au milieu du deuxième acte. Elle consulte plusieurs confrères, en France et à l'étranger, et le verdict est terrible : « Vous ne pourrez plus chanter ! » Alors son imprésario, Orlando, le frère de Dalida, me téléphone. Elle arrive désespérée à mon cabinet. Je l'écoute avec beaucoup de concentration. Sa voix est éraillée, parfois inaudible. « Vous savez, précise-t-elle, le rôle d'Esméralda ne m'était pas destiné. J'avais été auditionnée en 1997, mais pas choisie. Puis la chanteuse pressentie s'est désistée. Alors j'ai joué, mais je ne pouvais pas m'arrêter avant la fin de la saison. Quand le destin frappe à la porte une seconde fois, il ne faut pas le laisser s'enfuir. Mais je travaille sans relâche, je manque de sommeil. » Elle avait bien le droit, lui dis-je, d'être fatiguée. « Pas dans ce métier, docteur, le succès vous happe, vous demande toujours plus, et vous force à aller au-delà de vos limites. » Mais elle ne pouvait plus chanter ni même presque parler.

J'examine son larynx : le constat est effectivement terrible. À droite, des microvarices témoignent de sa fragilité vasculaire à ce moment précis de son cycle menstruel, avec une inflammation importante. À gauche, un kyste a éclaté sous la muqueuse de la corde vocale. L'opération est la seule solution si elle veut avoir une chance de récupérer sa voix. Il faut enlever le kyste, réduire l'hématome en conservant une vibration satisfaisante des cordes vocales, vaporiser au laser les microvarices. En réalité, elle avait eu une cascade d'incidents, et son cas n'était vraiment pas simple. Dans mon regard, Hélène a tout compris. Avant même que je lui donne mon diagnostic, elle me dit : « Je sais que je chanterai encore et je vous fais toute confiance. Même si l'intervention est risquée, même si vous devez trouver une nouvelle technique pour cela, faites-le. » Avec une telle patiente, qui vous fait totalement confiance, élément capital dans la réussite chirurgicale, je savais qu'il y avait une grande chance de gagner. Et pourtant la pression était là : son outil professionnel, c'était sa voix. N'oublions pas que l'artiste est à la fois la musicienne et l'instrument. Les deux étaient blessés.

J'ai pratiqué une intervention au laser que je découvrais au fur et à mesure de l'acte chirurgical : l'orientation du rayon, la façon d'appréhender les cordes vocales et de les protéger par injection de sérum physiologique pour éviter tout traumatisme instrumental. Par chance, le muscle vocal lui-même n'avait pas été touché. C'était bien le surmenage vocal qui avait conduit à cette situation sur un terrain prédisposé. Trois mois plus tard, après un repos vocal complet, des soins postopératoires à base de vitamines et de rééducation vocale, la voix superbe était de retour, les enregistrements aussi. Hélène Ségara avait retrouvé son public. Son album de 2000, *Au nom d'une femme*, est devenu disque de diamant.

Céline Dion à Bercy en 2008.

Athlète de la voix, célèbre pour ses performances au-delà du commun, capable d'atteindre des aigus impressionnants, Céline Dion a en outre une hygiène de vie remarquable qui semble la mettre à l'abri de tout incident. Et pourtant… Un jour de novembre 2013, avant le début de ses concerts à Bercy, au cours des répétitions, elle est stupéfaite : sa voix est comme éteinte. Elle a perdu toute sa puissance, le glissement incroyable qu'on lui connaît depuis les graves jusqu'aux suraigus est difficile. Le corps de la chanteuse canadienne ne semble plus répondre aux commandes de sa voix. Plusieurs millions de spectateurs l'avaient applaudie depuis ses débuts internationaux en 1989, et son « World Tour » de presque deux ans, en 2008-2009, avait relevé de l'exploit. Du Canada aux États-Unis, de l'Afrique à l'Asie, de l'Australie à l'Europe, elle avait défié les décalages horaires. L'artiste a une volonté de fer mais, là, sa voix ne suit plus.

Elle me consulte l'après-midi même. À l'examen, son instrument vocal est parfait : une légère faiblesse dans les aigus, mais rien d'alarmant. D'où vient donc sa perte d'agilité et de puissance ? Tout simplement du surmenage. Elle doit ralentir provisoirement le rythme, sauf à risquer des complications plus graves. Avec un traitement de polyvitamines, un repos complet, sans répétitions ni aucune interview pendant deux jours, Céline a complètement récupéré. Cette guérison aussi rapide, elle le doit à sa maîtrise vocale et à la santé de sa voix, qui sont prodigieuses.

Après l'évocation de ces voix qui font passer « comme un frisson dans la salle », de ces artistes qui chantent avec leur corps, leur âme, leurs émotions au-delà de leurs limites, ces artistes ne sont pas invulnérables. Comme elles le savent bien elles-mêmes, elles ne sont pas seulement une voix mais également femme, avec sa force et sa fragilité.

Je vous invite dans cette traversée pleine de surprises, dans cette merveilleuse histoire de la voix de la femme, qui est le reflet de notre existence dès notre plus tendre enfance.

PARTIE I

HISTOIRE(S) DE LA VOIX

CHAPITRE 1

D'où vient la voix ?

L'espèce humaine, poussières d'étoiles, évolue dans une seule direction, la marche avant ; la marche arrière lui est impossible (même si parfois on n'en a pas l'impression). Le cycle de la voix de la femme est le reflet du cycle de la vie. Notre ADN palpite au diapason des vibrations de l'univers. Il est inscrit dans l'histoire génétique et épigénétique de notre « espace vie », dont la voix humaine est l'acteur de notre existence.

Dans un organisme sexué vivant, chaque cellule, on le sait, possède un nombre pair de chromosomes, soit 2 N chromosomes : N venant de la femelle et N venant du mâle. Le gamète (nom donné à la cellule reproductrice) mâle est le spermatozoïde, le gamète femelle est l'ovule. Chaque gamète contient N chromosomes. Leur accouplement donnera naissance à un embryon sexué qui aura 2 N chromosomes. Dans l'espèce humaine, l'embryon a 46 chromosomes : 44 chromosomes dits « autosomes » et 2 chromosomes dits « sexués » (soit XY ou XX). Chez l'homme : 44 chromosomes + un chromosome X et un chromosome Y, ces chromosomes sexués donnent le sexe biologique masculin par le Y. Chez la femme, on distingue également 44 chromosomes mais les deux chromosomes sexués sont X et X : un de la mère, un du père. Ces gamètes sont à la base de toute procréation.

Toutes les cellules de notre corps ont 46 chromosomes sauf l'ovule et le spermatozoïde. Le spermatozoïde ou gamète mâle possède 22 chromosomes non sexués (numéroté de 1 à 22), plus le chromosome sexuel (X ou Y). La femme possède un seul type d'ovule ou gamète femelle sexué X. La fusion de ces deux gamètes, l'un maternel et l'autre paternel (23 + 23), va permettre la procréation d'un garçon si le spermatozoïde Y pénètre l'ovule, d'une fille si c'est le spermatozoïde X. C'est donc le chromosome paternel qui détermine le sexe biologique. Ainsi, la cellule à 46 chromosomes est créée. Cette cellule est sexuée comme toutes celles de notre corps. Quand l'œuf est fécondé, il va se nicher dans l'utérus de la mère. Il n'a que quelques centaines de cellules. Dès ce stade, déjà près de 30 % des gènes se sont exprimés, et on note une différence significative entre mâle et femelle. L'embryon mâle a une croissance plus rapide (à cause du chromosome Y) que l'embryon femelle, dont la taille est plus petite.

La voix évolue tout au long de l'existence. Les 23 000 gènes de notre ADN associés aux histones (protéines entourant l'ADN) sont répartis sur nos 46 chromosomes, ce qui fait que nous héritons du génome de nos parents. Mais au-delà de sa vie intra-utérine, le génome semble se transformer au cours de notre vie : ces changements sont dits « épigénétiques ». L'apport de l'épigénétisme nous permet de nous interroger sur la plasticité génétique et de poser de nouvelles questions sur notre inné et notre acquis. L'épigénétique joue-t-elle un rôle chez les femmes transsexuelles ? Quel est son rôle au niveau moléculaire ? Grâce au marquage biochimique effectué par des enzymes spécialisées sur l'ADN et sur les histones qui le structurent, la séquence ADN ne subit pas d'altération. Mais ce marquage permet deux choses : 1. la stimulation et l'activation de gènes ADN spécifiques ; 2. la suppression ou la désactivation/neutralisation de gènes ADN spécifiques. Certaines marques « épigénisent » spécifiquement le comportement sexuel :

le « tatouage » sexuel, XX chez la femme et XY chez l'homme, est présent dans toutes les cellules de notre corps.

L'épigénétique explique notre sensibilité et notre réactivité à notre environnement, qu'il soit chimique, bactérien, alimentaire, allergique à certaines substances ou même affectif. Notre vie durant, notre expérience se nourrit du marquage acquis dès notre vie intra-utérine et de nos chromosomes sexuels. Le chromosome X contient plus de 153 millions de paires basiques, pierres angulaires de l'ADN. Chez la femme, le chromosome X représente presque 5 % de son ADN ; chez l'homme, son unique chromosome X représente environ 2,5 % de son ADN. Les hommes héritent leur chromosome X de leur mère et leur chromosome Y de leur père, tandis que les femmes héritent un chromosome X de leur mère et un autre de leur père. Il y a environ 2 000 gènes sur le chromosome X contre 78 gènes sur le chromosome Y. Les facteurs qui comptent dans la différence des sexes sont bien évidemment le chromosome Y, exprimé uniquement dans les cellules mâles, mais aussi les gènes X qui chez la femme échappent à l'inactivation et à l'expression du chromosome Y. L'impact hormonal est essentiel, mais une castration complète effectuée avant l'âge de 10 ans n'élimine pas complètement la différence entre une voix masculine et une voix féminine. La stimulation du chromosome Y est fondamentale, mais pas suffisante : l'action de nos hormones reste déterminante.

Le gène de la voix humaine

Tout commence à l'Université d'Oxford dans les années 1990, avec le travail d'Anthony Monaco et de son équipe de chercheurs. Ayant observé sur trois générations une famille anglaise, la famille KE, dont la moitié des membres – hommes et femmes – souffrait ou avait souffert d'une maladie orpheline affectant le langage articulé, ils identifient la présence d'un seul élément génétique spécifique, l'allèle de la voix, à l'origine de la maladie. Mutant et dominant, il appartient à un gène du chromosome n° 7, nommé FOXP2. Chez les membres de la famille KE affectés, la mutation est présente.

Le gène FOXP2 s'exprime dans tous les tissus et active l'expression de nombreux gènes liés au langage articulé et à la phonation. En 2002, après une étude examinant d'autres primates que l'être humain, des chercheurs parviennent à la conclusion que ce gène est spécifique au langage. Porté par les chromosomes n° 7 avec leurs deux allèles spécifiques qui sont essentiels au développement normal de la parole, il n'existe pas chez les grands singes et sa copie binaire est indispensable au langage. Ce gène, dont l'importance avait déjà été reconnue dans le cadre de certaines anomalies comme la dyslexie, semble donc déterminant pour le développement de notre voix. Sa mutation serait le point de départ de la parole humaine sur notre planète.

Le gène FOXP2 est situé sur l'ADN du noyau de la cellule. Mais, dans la cellule, on distingue le noyau et son environnement intracellulaire : le cytoplasme. Dans ce cytoplasme, il y a également de l'ADN dans un petit organite : la mitochondrie. Ainsi, nous avons deux sources génétiques : le noyau et la mitochondrie, qui est transmise seulement par l'ovule. Car seule la tête du spermatozoïde, où est logé le noyau, a pénétré l'ovule ; le spermatozoïde perd son cytoplasme – le flagelle qui lui a permis de « courir » après l'ovule. L'ADN mitochondrial, qui n'a que 37 gènes, est donc transmis par la femme. C'est peu comparé aux 3 milliards de nucléotides et aux quelque 23 000 gènes de l'ADN nucléaire !

Découverte révolutionnaire de Maurice Wilkins, James Watson et Francis Crick en 1953 (prix Nobel 1962), l'ADN (acide désoxyribonucléique) est constitué d'une double hélice en spirale. Chaque spirale a un « associé » correspondant, et chaque brin de la molécule d'ADN porte quatre bases chimiques : l'adénine (A) à laquelle correspond la thymine (T), la cytosine (C) à laquelle correspond la guanine (G). Comme un code-barres, leur ordre est capital : A se lie à T par deux liaisons d'hydrogène, et C se lie à G par trois liaisons d'hydrogène. Une erreur se produit, et c'est un avortement ou une mutation dont l'influence sera déterminante sur la voix de la femme.

Lors de la fécondation, l'ovule et le spermatozoïde apportent différents composants dans la nouvelle cellule. Le spermatozoïde ne fournit que de l'ADN nucléaire, qui détermine le sexe de l'enfant à venir. Toute mitochondrie présente dans le corps de l'enfant résultant de cette fécondation ne peut être qu'un héritage de la mère. Ce qui tendrait à démontrer que nous descendons tous de la même mère africaine. Alan Wilson et ses collaborateurs ont ainsi développé la théorie de l'« Ève mitochondriale » après avoir examiné l'ADN mitochondrial de 147 femmes. Dans les années 1990, un squelette vieux d'environ 9 000 ans a été découvert dans la petite ville anglaise de Cheddar et a pu être analysé. Bryan Sykes, dans *Les Sept Filles d'Ève*, rapporte qu'une analyse mitochondriale du squelette a été possible et que la même analyse, pratiquée sur une institutrice d'une école locale, a révélé un profil ADN mitochondrial presque identique. Une correspondance héréditaire étonnante, plusieurs milliers d'années plus tard !

Homo erectus *et* Homo vocalis

L'homme est apparu aux côtés de ses cousins les grands singes il y a environ 7 millions d'années. Tout comme eux, c'est un primate (selon la terminologie de Linné au XVIIIe siècle, convaincu

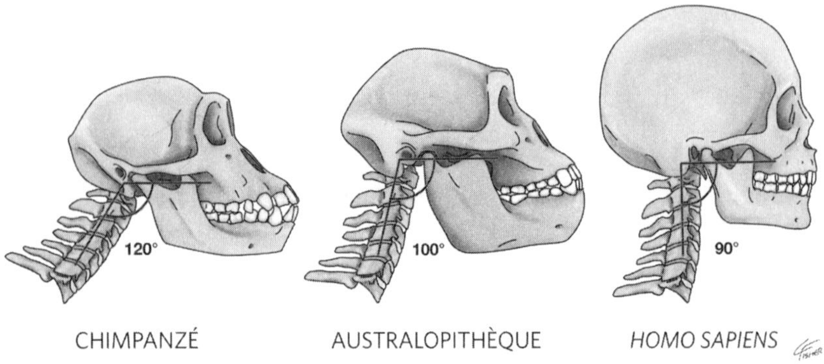

Articulation entre la base du crâne et la première vertèbre cervicale.

que l'homme était la première créature à avoir vécu sur terre). La bipédie permet à l'hominidé d'adopter la position verticale, et l'angle entre le crâne et la première vertèbre cervicale se réduit à 90 degrés. Cette verticalisation rend possibles une progression unique de certaines parties du cerveau et surtout le développement considérable du néocortex, qui devient le chef d'orchestre de la voix. Les conditions indispensables à la naissance de la voix humaine et au développement du langage sont acquises : avec la verticalité, le développement des boîtes de résonance de l'organe vocal et la descente du larynx dans le cou depuis le niveau de la première vertèbre cervicale jusqu'à sa position définitive, à la hauteur de la cinquième vertèbre.

Les restes de la première femme présentant les caractéristiques d'*Homo sapiens* ont été découverts en 1974 en Afrique, à Hadar, dans la vallée du Grand Rift, et semblent remonter à 3,2 millions d'années. Elle fut baptisée Lucy, en référence à la chanson des Beatles (« Lucy in the sky with diamonds ») que les archéologues Yves Coppens et Donald Johanson et le géologue Maurice Taieb écoutaient en boucle dans cette vallée de l'Éthiopie. Australopithèque de la savane, Lucy est souvent citée comme le chaînon manquant entre les chimpanzés et l'homme moderne, car elle se déplaçait sur deux membres. Son bassin, évasé, se rapprochait de celui de la femme actuelle, afin de faciliter le passage d'un bébé doté d'une tête plus large à la naissance que ceux des autres primates. Le cerveau de Lucy pesait vraisemblablement 400 grammes ; celui d'*Homo sapiens*, aujourd'hui, pèse 1 500 grammes. L'homme porte en lui l'histoire de l'évolution de sa voix.

De nombreux paléontologues ont décrit l'odyssée de notre évolution comme une progression logique secondaire à des mutations de l'ADN. Ils sont convaincus que les singes se sont redressés parce qu'ils sont descendus des canopées pour vivre à même le sol. Vrai ou faux ? La question reste posée, toujours est-il que le lent redressement jusqu'à la verticale a permis au cerveau de se développer et au larynx de descendre.

Les différentes théories avancées sur le langage d'*Homo erectus* s'accordent sur un point : son système laryngé ressemble à celui d'un nouveau-né d'aujourd'hui. Son cortex a développé des aires spécifiques au langage, de façon simplifiée : l'aire de Broca qui intervient dans l'expression orale et écrite et l'aire de Wernicke qui, elle, intervient dans la compréhension du langage oral et écrit. Cette individualisation est très sommaire chez le chimpanzé, malgré son système limbique développé. Lorsque le système limbique de l'homme est stimulé, cela ne produit pas du langage articulé, mais des cris et du bruit. *Homo erectus* était donc probablement capable de s'exprimer verbalement sous une forme très succincte mais déjà efficace. Au vu de la taille de sa boîte crânienne et des sillons constatés à l'intérieur de nombreux crânes fossilisés en Afrique, on peut conjecturer que son raisonnement, tout comme son expression verbale, était très lent.

D'autre part, il faut garder à l'esprit qu'*Homo erectus* était déjà adulte à l'âge de 12 ans et mourait vers l'âge de 30 ans, rarement sans doute à un âge plus avancé. Les femmes atteintes d'ostéoporose étaient presque l'exception. Son apprentissage était donc de courte durée. On peut estimer que grâce à sa voix, *Homo erectus* forme déjà des pensées prédictives. Comme l'homme moderne, il s'inspire de sa propre expérience pour inventer de nouveaux mots et de nouveaux concepts, créant ainsi un langage plus élaboré. En 1912, Korbinian Brodmann a démontré dans une étude comparative que chez le chat, 3,5 % du cerveau sont consacrés au langage, contre 17 % chez le chimpanzé et 30 % chez l'homme. Chez le chimpanzé, l'aire dite de Brodmann, propre au langage, correspond à l'aire de Broca chez l'homme, où elle est propre au langage verbal, articulé. Nous y reviendrons un peu plus loin.

Au fil des millénaires, une longévité croissante a permis à l'homme de développer sa voix et son cerveau à un degré exceptionnel. Le transfert de connaissances entre les générations a été d'abord oral, grâce au don précieux de la voix, qui a contribué à l'extraordinaire progrès de l'humanité. C'est à 30 ans, l'âge moyen du décès chez *Homo erectus*, que la plupart des chercheurs d'aujourd'hui commencent à faire leurs découvertes les plus importantes. C'est aussi l'âge moyen auquel les femmes enfantent désormais. Et l'expérience acquise leur permet de partager leurs connaissances avec les plus jeunes. Elle participe activement à notre propre progression, à notre évolution, à la transmission des connaissances et à notre créativité. La voix des autres, comme notre propre voix, stimule la pensée, et c'est principalement par notre voix que nos propres pensées s'expriment. La voix contribue à l'acquisition et à la découverte de notre héritage scientifique, artistique et intellectuel. Aujourd'hui, un enfant de 12 ans, grâce aux enseignements de ses aînés, aux médias et à Internet, en sait déjà plus sur le monde que ses grands-parents à l'âge de 40 ans.

La sélection naturelle a permis à l'homme de survivre parce que sa capacité à échapper à ses prédateurs a garanti sa descendance. La position dressée l'a aidé à libérer ses mains. Mais c'est le langage articulé, arme véritable, qui a sans doute constitué pour le bipède de la savane l'une des acquisitions les plus appropriées. *Homo sapiens* et les quelque cinq mille langues et dialectes parlés sur notre planète sont tous issus de cette sélection naturelle. La parole a établi les fondements des premières civilisations humaines. Les premiers grommellements de l'homme étaient très différents des grognements des singes. Le langage articulé nous permet d'émettre des voyelles qui sont familières dans toutes les langues parlées. Selon Jeffrey Laitman, l'homme de Neandertal ne pouvait prononcer les voyelles que de manière limitée. La base de son crâne était plate et sa mandibule prolongée, caractéristiques qui suggèrent qu'il articulait peu. Son larynx était encore très haut perché.

Et pourtant… Un os minuscule, l'os hyoïde situé dans le cou, est d'une importance capitale pour le langage. Il soutient les racines des puissants muscles de la langue qui permettent, en grande partie, la formation des voyelles. Or, un os hyoïde trouvé pour la première fois en 1983 parmi les restes d'un néandertalien à Kebara, en Israël, près du mont Carmel, témoigne d'un langage parlé déjà évolué. Les tombes et les symboles alentour suggèrent que des prières et des rites étaient pratiqués. La voix était-elle déjà au service d'une forme de religion ? La conscience abstraite qui caractérise l'homme remplaçait-elle déjà la conscience comportementale ?

L'évolution de la voix humaine s'inscrit dans un processus dynamique et dans une mutation qui engage non seulement le cerveau, mais aussi nos mécanismes phonatoires. Chez la fourmi, une simple molécule olfactive, inscrite dans son héritage génétique, joue un rôle capital : elle lui permet

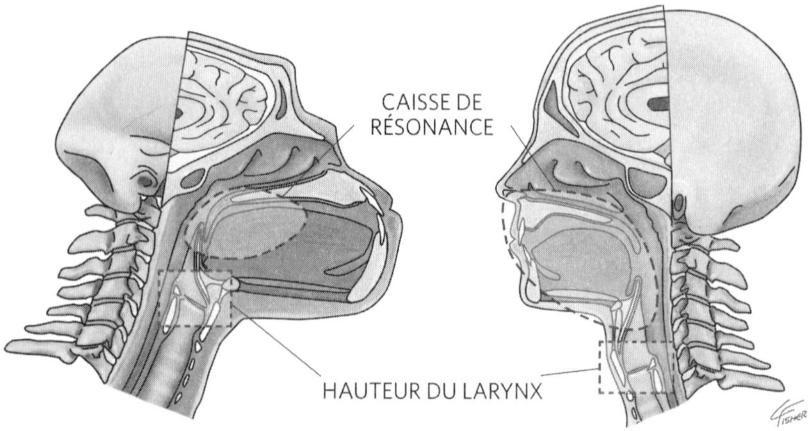

Évolution du langage : changement de position du larynx entre l'australopithèque et *Homo sapiens.*

de communiquer avec sa colonie et constitue donc la clé de sa survie. Ne pourrait-on avancer que la voix joue un rôle identique chez l'homme ? Et même que son langage est indispensable à sa survie ? L'inéluctable évolution d'*Homo sapiens* a exigé de lui une constante créativité.

Chez le fœtus, l'intersection pharyngée-laryngée commence à se former. Vers le sixième mois de la vie intra-utérine, le larynx est positionné comme chez le chimpanzé. Tout va peu à peu se mettre vraiment en place entre la naissance du bébé et 18-24 mois. Notre conduit vocal joue un rôle déterminant sur le ton de notre voix, la beauté de son timbre et de ses harmoniques, ce qui crée notre empreinte vocale. La résonance de la voix dans notre corps nécessite un espace qui change en fonction des mots que nous employons. Dans cette caisse de résonance, deux structures sont indispensables : l'une en partie dure et l'autre en partie molle qui va s'ancrer sur la précédente, nous permettant de modifier nos résonateurs. D'un point de vue purement mécanique, c'est

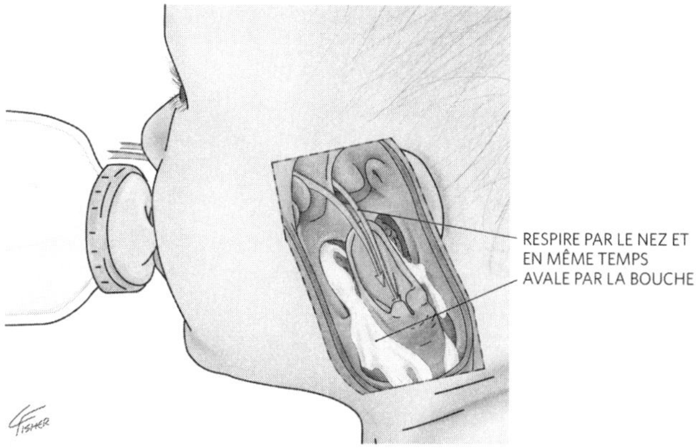

Voie respiratoire naso-pharyngée du nourrisson pendant qu'il boit.

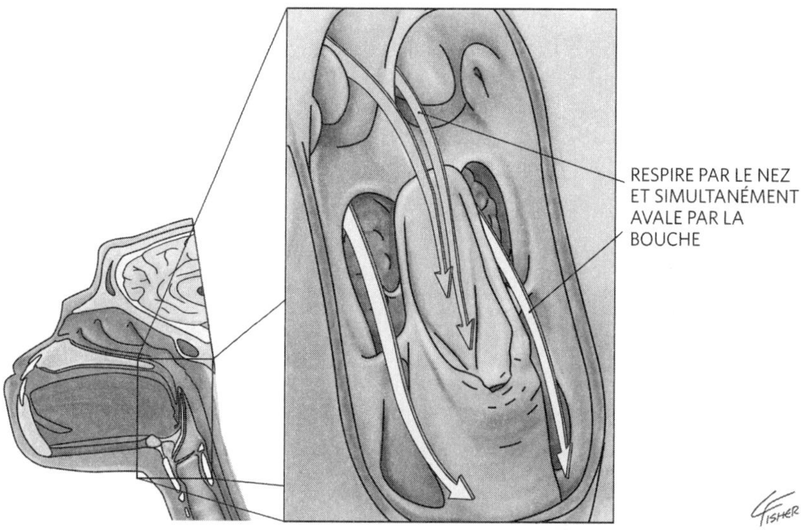

Tractus aérodigestif du chimpanzé, qui n'évoluera pas.

grâce à sa caisse de résonance que l'homme peut parler en formant des voyelles. Le singe, lui, ne le peut pas : son larynx reste haut perché dans son cou au niveau de la seconde vertèbre

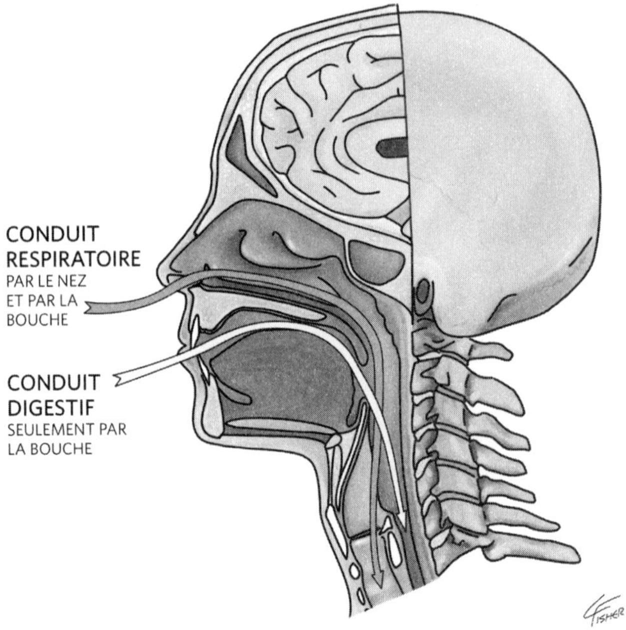

Circuit aérodigestif de l'adulte.

cervicale. C'est ce qui nous différencie des autres primates. Le chimpanzé, comme tous les autres mammifères, peut respirer et avaler simultanément, ce que le bébé peut faire jusqu'à l'âge de 18 mois. Ainsi, il peut téter le sein de sa mère ou prendre son biberon sans s'arrêter pendant trente minutes. Son larynx va alors descendre dans son cou jusqu'à la cinquième vertèbre cervicale. Cette migration extraordinaire sur 7 à 8 centimètres, rendue possible chez *Homo sapiens* par sa position verticale, est le facteur déterminant de la voix humaine et du langage articulé : notre instrument vocal, le « graal » de la voix est formé. L'évolution fondamentale chez *Homo erectus*, avec celle de la taille de son cerveau, est la formation du conduit vocal allant des cordes vocales aux résonateurs.

Désormais, l'adulte ne pourra plus avaler ni respirer simultanément, au risque sinon de faire des fausses routes. On avale ou on respire, on mange ou on parle, mais on ne fait pas les deux en même temps.

Le cerveau et la voix

La station verticale sur deux pieds, avec le redressement du thorax, du cou et de la tête, a permis le développement de l'encéphale, l'adaptation de la mandibule articulée et de la denture maxillaire. Le moulage d'un crâne montre l'empreinte des sillons du cerveau. Fait surprenant, ces sillons révèlent une asymétrie importante entre les lobes de la droite et de la gauche, asymétrie plus marquée chez *Homo sapiens* que chez l'australopithèque. Le cerveau droit permet l'analyse des structures spatiales, la reconnaissance des objets et la gestion de données comme les harmoniques musicaux ; le cerveau gauche est objectif, mathématique et analytique. Le flux sanguin porté par les veines méningées, dont la trajectoire est elle aussi imprimée sur le crâne, est plus marqué chez *Homo habilis*, l'homme préhistorique qui succéda aux australopithèques, notamment au niveau des lobes frontaux, temporaux et pariétaux. Cette différence témoigne du développement particulièrement important du langage – sa fonction, sa conception, sa production et sa compréhension – et des mots qui sont enregistrés uniquement dans le lobe dominant, dans les aires du cerveau dites de Broca et de Wernicke. On peut raisonnablement en déduire que les prémices de la voix existaient déjà il y a 5 millions d'années.

Notre cerveau commande notre voix. Comment le savons-nous ? L'histoire de Broca est édifiante. Le 12 avril 1861, M. Le Borgne consulte le médecin et chirurgien de l'hôpital Kremlin-Bicêtre Paul Broca. Il souffre d'un phlegmon gangreneux à la jambe, mais le chirurgien est plus intéressé par les dysfonctions du langage de son patient que par son phlegmon. Le Borgne ne pouvait en effet prononcer qu'une syllabe : « Tan ». Sans aucune évidence d'une paralysie bucco-pharyngée, ni anomalie faciale, ni autre déficience apparente. Toutes ses autres fonctions paraissaient normales. Sa compréhension et ses fonctions cognitives n'étaient pas affectées. Et pourtant cette unique syllabe était son seul mode d'expression verbale. On lui attribua le sobriquet de Monsieur Tan. Hospitalisé, il succombe à la gangrène cinq jours plus tard. L'autopsie révèle un abcès du cerveau gauche, spécifiquement dans le troisième gyrus du lobe frontal. Le lendemain, Broca présente ces faits devant la Société d'anthropologie dont il était le secrétaire. Il avait conclu que la lésion du lobe frontal avait causé la perte du langage parlé. La voix humaine venait de se voir allouer un emplacement dans le cerveau.

Broca était aussi professeur à l'école de médecine de Paris. Le premier, il démontre que le cerveau présente différentes aires spécialisées par fonction, ce qui est depuis lors bien établi. L'aire dédiée à la parole prend le nom d'aire de Broca, et c'est le début des associations entre une fonction et une projection cérébrale. Cette découverte, qui a suscité de nombreuses vocations, marque aussi le début de la neuroanatomie, qui n'a cessé de passionner les scientifiques en investiguant les mystères de notre cerveau depuis le XIXe siècle.

Le neurochirurgien allemand Carl Wernicke a complété le travail de Broca. Il étudie la neuropsychiatrie à Vienne. Sa thèse de doctorat intitulée *Le Complexe symptomatique de l'aphasie* (1874) décrit des troubles affectant la réception et la compréhension du langage. Un nouveau territoire du cerveau est découvert et dénommé aire de Wernicke. Nous lui devons le concept d'une image auditive du monde qui laisse une empreinte sur le cortex cérébral, une fois entendue. Il décrit l'existence d'un lexique

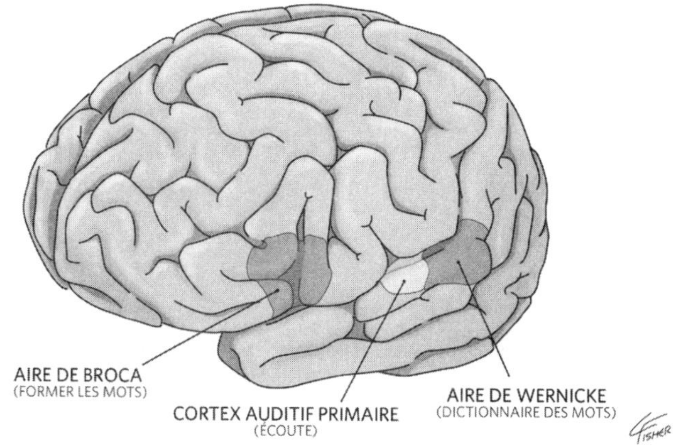

Image cérébrale avec projection des aires du langage.

interne emmagasiné par le cerveau. Sur quelques millimètres carrés, on peut stocker plus de 200 000 mots. Ce qui est prodigieux.

Mais, fait capital, l'apprentissage de la parole impose d'entendre les autres, et d'entendre notre propre voix. La projection cérébrale de l'audition a lieu dans les cortex droit et gauche. Curieusement, si une lésion unilatérale dans l'aire auditive provoque une légère baisse de la capacité à percevoir et localiser les sons, elle ne cause pas pour autant la surdité, l'audition disposant d'une projection bilatérale. L'oreille gauche fournit des informations différentes au cerveau gauche et au cerveau droit, et il en est de même de l'oreille droite. Autre surprise : quand l'aire de l'audition est stimulée, seules des fréquences musicales (hautes ou basses) sont perçues, jamais des mots. Ce n'est que vers le milieu du XXe siècle que le neuropsychologue américain Norman Gershwin a précisé l'importance des différentes projections cérébrales de la voix humaine : les aires de Broca et de Wernicke travaillent en harmonie dans la compréhension et l'émission du langage articulé.

Le trauma de Phineas

Voici l'histoire incroyable du patient le plus célèbre de la neuropsychologie.

En 1948, Phineas Gage est contremaître des chemins de fer dans le Vermont. Des ouvriers de la Rutland & Burlington Railroad travaillent à prolonger la voie ferrée vers la ville de Cavendish. Parmi eux, le 13 septembre, Gage prépare des explosifs pour faire sauter une roche. C'est sa spécialité. Avec sa barre à mine, il lui faut bourrer un mélange de poudre et de sable dans une cavité du sol. Le travail est délicat, mais Gage, à 25 ans, est déjà un excellent professionnel. Il a même commandé à un forgeron une barre à mine sur mesure : elle pèse 6 kilos et fait 1 mètre de long.

Ce jour-là, un ouvrier l'apostrophe soudain dans son dos. Gage se retourne et commence à manier machinalement sa barre, son assistant n'ayant pas encore versé le sable dans la mine. La poudre explose. La barre de fer s'envole de ses mains. Elle transperce son visage et son crâne de part en part, pénètre dans sa joue gauche pour sortir en haut de son front, au-dessus de son œil gauche. Son cerveau apparaît à l'air libre.

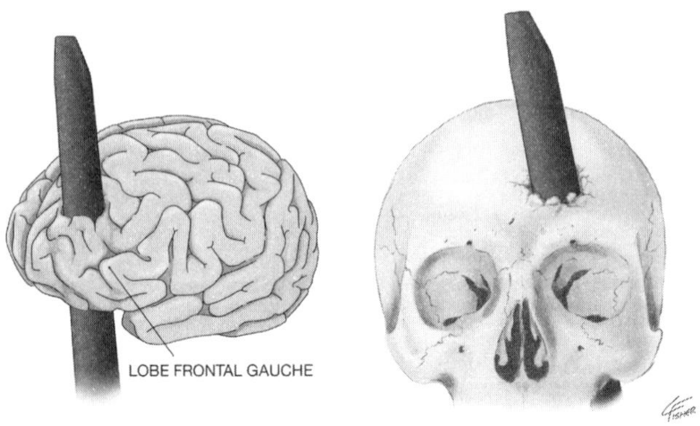

Trauma facial et crânien : impact du lobe fronto-temporal gauche et de la barre à mine.

Mais, à la surprise générale, en dépit de la gravité de l'accident, Gage survit ! Il a été projeté sur le dos. Au bout de quelques minutes, il est pris de convulsions, puis s'immobilise et reprend ses esprits. Il est conscient. Un médecin de Cavendish, John Harlow, retire la barre. Le blessé est ensuite transporté à l'hôpital.

C'est le docteur Edward Williams qui le reçoit. Il examine Gage et est stupéfait : le cerveau se voit toujours à travers la blessure. Il y a un orifice de 3 centimètres de diamètre, l'os est fracassé dans toutes les directions sur 5 centimètres, et pourtant le patient soutient la conversation. S'il a perdu la vue du côté gauche, il semble s'en sortir à bon compte. Pratiquement indemne en apparence, il marche normalement, parle sans problème ; sa mémoire et son intelligence ne sont pas affectées.

Deux mois plus tard, il est de nouveau sur pied, parfaitement autonome. Les sutures de son visage ont cicatrisé, il a survécu à un traumatisme crânien majeur, c'est un miraculé. Il passe sa convalescence dans sa famille dans le New Hampshire et ne revient à Cavendish qu'en avril, capable de retravailler et de soutenir une conversation.

Cependant… ce n'est plus le même homme. S'il n'a pas changé d'aspect physique, ses propos, sa façon de raisonner, de réfléchir, d'appréhender le monde extérieur ont changé. Phineas était naguère un homme conservateur, poli et sociable. Il est devenu irresponsable, vulgaire, antisocial et bagarreur, avec un côté exhibitionniste. Alors il perd son travail et devient clochard. Il meurt douze ans plus tard, en 1860.

Ayant appris son décès, le docteur Harlow demanda l'étrange faveur de pouvoir récupérer le crâne de Phineas. On l'exhuma, préleva son crâne et l'envoya au médecin. Le crâne de Phineas Gage et sa barre à mine seront conservés à partir de 1868 au musée de la faculté de médecine de Harvard, près de Boston.

En 1994, l'équipe de Hanna Damasio a publié les résultats d'un travail d'investigation remarquable sur ce traumatisme crânien. Cette étude a été complétée à l'Université de l'Iowa, où l'on a réussi à calculer l'angle exact de pénétration de la barre. Ainsi, il a pu être prouvé, d'une part, que les aires de la motricité et du langage n'avaient pas été atteintes, tandis que, d'autre part, celles contrôlant les émotions et le comportement avaient été gravement touchées, la barre à mine ayant détruit le lobe frontal antérieur.

Le caractère d'un individu, son langage et ses pensées ont une base anatomique indépendante de sa voix, tout en étant essentiels pour la construction et la dynamisation de sa personnalité vocale. Notre cerveau dirige notre langage et notre vie sociale, et la voix est son instrument.

Y a-t-il une langue primitive ?

Le langage articulé s'acquiert. Mais la voix est-elle innée ? Nous pouvons dès la naissance produire des gazouillis, des voyelles et des consonnes, qui ne constituent pas une langue intelligible. Existerait-il une langue originelle, primitive, qui précéderait le langage articulé tel que nous l'entendons ?

Au XIIIe siècle, Frédéric de Hohenstaufen, empereur du Saint Empire romain germanique de 1220 à 1250, se posa la question. Esprit curieux et avide de connaissances, célèbre pour son érudition et son avant-gardisme, il parlait au moins sept langues : le latin, le grec, le sicilien, l'arabe, le normand, l'allemand et l'hébreu. Désireux de voir progresser la science médicale, il promulgua un édit autorisant la dissection de cadavres humains, s'attirant ainsi les foudres de l'Église. Et il décida de tenter une expérience pour connaître le langage originel.

Son contemporain, le chroniqueur polonais Gustaw Herling-Grudzinski, rapporte ceci : « Sept épisodes incongrus ont marqué le règne de l'empereur Frédéric II. Le deuxième eut lieu quand l'empereur décida de découvrir quel langage les enfants eussent parlé si, depuis leur naissance, personne ne leur avait adressé la parole. » Plusieurs nouveau-nés furent amenés à son palais, où ils furent maintenus à l'isolement. Des nourrices reçurent l'ordre de les allaiter et de prendre soin d'eux, sans jamais leur adresser la parole. Privés de tout langage maternel et de toute interaction sociale, quelle langue parleraient-ils ? L'araméen (que l'empereur pensait être la langue originelle de la race humaine), la langue de leurs parents ou bien une autre langue ?

Après quatre ans d'isolement, les enfants furent rendus à une vie « normale ». Leur comportement semblait naturel, à une exception près : aucun d'eux ne parlait ! Ils marmonnaient de manière incohérente. La voix était restée une terre inconnue pour eux qui n'avaient acquis les bases d'aucune langue. À l'âge de 5 ans ils ne connaissaient que cinq mots, à l'âge de 8 ans moins de trois cents mots. Pire : ces enfants étaient incapables de la moindre communication, même primitive. Souffrant de déficience mentale profonde, tous moururent avant d'avoir atteint l'âge adulte.

La voix, la musique des mots, le langage conditionneraient-ils notre survie ? Au cours de millions d'années, les chances de survie de l'homme ont certainement été déterminées par sa communication et ses échanges vocaux avec les autres membres de son espèce. Privé du langage, *Homo sapiens* est moins bien loti qu'un chimpanzé habillé.

Qu'est-ce que la langue maternelle ?

Explorons maintenant la notion de langue maternelle. Il est avéré que, même si nous maîtrisons parfaitement une langue secondaire, nous effectuons des calculs mentaux plus rapidement dans notre langue maternelle et que les enfants réellement bilingues, qui parlent deux langues de façon naturelle depuis leur naissance, calculent aussi rapidement dans l'une que dans l'autre. Pour rester bilingue, il faut continuer de pratiquer ses deux langues maternelles. La stimulation mentale est la fondation de notre apprentissage, de notre connaissance, du développement de notre mémoire et donc de notre évolution. La langue maternelle vient tatouer notre cerveau. Si nous ne pratiquons plus une langue, le circuit neuronal attaché à cette fonction dans notre cerveau s'estompe. Il s'estompe mais ne disparaît pas totalement, comme le montre cette stupéfiante histoire.

L'histoire de Giovanna

Soprano lyrique de 45 ans, Giovanna me consulte à cause d'un enrouement persistant qui l'empêche d'assumer ses représentations. Lors de son examen laryngé, je détecte un polype hémorragique de la corde vocale gauche et de tout petits angiomes sur la corde vocale droite. L'intervention est programmée. Sous anesthésie générale, je réalise une microchirurgie au laser *via* l'endoscopie laryngée. Le résultat postopératoire est satisfaisant, sans aucun problème peropératoire. Le polype se révèle bénin. Giovanna est transférée en salle de réveil et c'est là que je passe prendre de ses nouvelles.

Elle me répond alors dans une langue que je ne reconnais pas. Cela ressemble à de l'italien mais avec des mots bizarres. Sur le moment je crains que l'opération n'ait provoqué un accident vasculaire cérébral ou un accident ischémique transitoire, conséquence rare, mais possible, de l'anesthésie générale chez les hypertendus. La tension artérielle est correcte, l'électrocardiogramme normal. Je demande à l'infirmière de faire venir un neurologue. De mon point de vue, Giovanna délire. Mais à ma grande surprise, l'infirmière la comprend. « Monsieur Abitbol, elle n'a pas fait d'AVC ou d'AIT, elle parle le roumain ! – Mais elle n'est pas roumaine, que je sache ! » Un peu plus tard, Giovanna parle de nouveau en français et c'est dans cette langue qu'elle m'interroge sur son opération. Je la rassure. Tout s'est bien passé, sa voix devrait être très belle.

Une semaine plus tard, lors du suivi postopératoire, je lui demande si elle est d'origine roumaine. Surprise par ma question, elle hésite. « En fait, je suis né à Bucarest. Mon père est roumain, mais je l'ai à peine connu. Il est mort quand j'avais 5 ans et ma mère, qui était française et chantait beaucoup, est retournée vivre à Paris après les événements. Il y a de cela plus de quarante ans ! Pourquoi me posez-vous la question ? » Je lui raconte l'incident de la salle de réveil. « Mais je connais à peine ma langue maternelle ! » s'exclame-t-elle. Elle avait en réalité deux langues maternelles. Sans doute l'anesthésie générale avait-elle entraîné une légère baisse du taux d'oxygène précisément dans la partie du cerveau qui gère le langage. La patiente n'étant plus vascularisée, la couche « roumaine » la plus profonde et donc la plus ancienne avait rétabli en premier un taux d'oxygénation normal. Ainsi, cette partie de son cerveau avait gardé toute son intégrité, sa mémoire et son dictionnaire linguistique étaient demeurés présents pendant tout ce temps. Je demande à Giovanna quand elle a parlé roumain pour la dernière fois. « Docteur, j'ai quitté la Roumanie depuis longtemps, j'ai été élevée en France dans un milieu artistique où je n'ai parlé que le français. Ma mère chante en français même si, de temps à autre, il a pu lui arriver de chanter en roumain. »

La voix humaine et la langue maternelle se gravent sur le cortex cérébral d'un enfant comme une empreinte indélébile entre l'âge de 18 mois et celui de 4 ans. Si l'enfant apprend deux langues à la fois depuis sa plus tendre enfance, les deux aires du cerveau qui contrôlent ces langues se développent en parallèle. Chez une personne élevée dans deux langues, les aires du langage – les aires de Wernicke et de Broca – sont pratiquement superposées. Mais une langue apprise après l'âge de 4 ans ne se manifeste pas exactement et très précisément dans la même partie du cerveau, comme l'ont démontré la tomographie par émission de positrons et l'imagerie par résonance magnétique nucléaire fonctionnelle lors d'exercices de vocalisation.

Un enfant de 1 an bilingue discerne la musicalité spécifique de chaque langue et l'enregistre définitivement dans son cerveau. Il ne s'agit ici ni d'un don spécial, ni d'une prédisposition génétique de l'un des hémisphères. C'est plutôt la preuve que dès la petite enfance, le cerveau est capable d'assimiler la voix humaine, la musique et les verbalisations. À la seule condition que le cerveau reçoive une stimulation auditive dès la naissance. Le rôle de l'audition est capital dans le développement, car l'oreille pilote la voix.

L'oreille n'a pas de paupières. Nous ne pouvons pas nous empêcher d'entendre et, parfois, d'écouter. C'est l'un des premiers organes de la communication à se former et à être sollicité. Dès le début du quatrième mois de la grossesse, le fœtus commence à percevoir des sons. Son premier contact avec le monde se fait par les bruits intestinaux, le rythme cardiaque et la voix de sa mère.

Le fœtus est capable de bien percevoir les sons graves, tandis que les sons aigus, absorbés par le liquide amniotique, ne lui parviennent que très faiblement.

Le cerveau d'un nouveau-né contient la matrice de tous les phonèmes possibles, formant une palette polychromatique complète de toutes les langues et de tous les harmoniques. La plupart de ces phonèmes ne seront pas utilisés, pas stimulés et ne seront donc pas opérationnels. L'enfant les perd à partir de 7 ans. Et s'il apprend une langue étrangère après l'âge de 5 ans, il lui imprime en général inconsciemment le rythme et la musicalité de sa langue maternelle : il parle avec un accent étranger, ce que l'enfant bilingue fera beaucoup moins pour toutes les autres langues qu'il pourra apprendre ayant développé sa plasticité cérébrale.

ADN et épigénétique : l'inné et l'acquis

Nous savons aujourd'hui que les patrimoines génétiques de l'homme et du chimpanzé sont peu différents (moins de 2 %). L'analyse génétique d'un spécimen d'*Homo sapiens* vieux d'environ 10 000 ans a révélé un profil ADN identique à celui de l'homme moderne. Les progrès de l'homme résultent d'une transmission extérieure à son ADN. Comment se fait cette transmission ?

Une étude remarquable a apporté des éléments de réponse. Deux races de souris, A et B, ont été utilisées pour l'expérience. Des embryons de souris de race A ont été implantés dans l'utérus d'une souris de race B. Avec un résultat étonnant : les souriceaux présentaient les qualités et le comportement de la race B, c'est-à-dire de leur mère porteuse et non de leur mère génétique. À la naissance, le pool d'informations du nouveau-né n'est donc pas constitué uniquement par les gènes de ses parents ; il est complété par des données qu'il s'est appropriées pendant son développement dans l'utérus et qui passent à la fois par le cordon ombilical de la mère et par les informations qu'il a perçues dans le liquide amniotique.

Michael Meaney va plus loin dans l'expérience et se demande : qu'arrive-t-il pendant les douze premières heures de vie *ex utero* chez ces souris ? Le résultat est surprenant : pendant cette période primaire, les soins dispensés semblent venir modifier la chimie des gènes. Seuls les souriceaux soignés par leur vraie mère de race A ont multiplié leurs neurones et leur endurance au stress. Les jeunes femelles deviennent plus tard des mères aimantes et attentionnées. Tout porte donc à croire que dès les premières semaines de la vie du nourrisson, l'environnement joue un rôle capital sur la gestion du stress et l'adaptation psychoaffective.

Sur le plan épigénétique, ce qui compte, ce ne sont pas simplement les gènes avec lesquels nous naissons, mais aussi la manière dont ils s'expriment. Nos expériences, notre environnement enrichissent notre expression génétique au fil du temps sans changer notre ADN. À la naissance, nous ne sommes pas encore complètement formés, je dirais plus précisément façonnés, notre croissance cérébrale est incomplète. De là notre aptitude exceptionnelle à l'adaptation et à l'apprentissage, qui commence dans le ventre maternel. Chaque nouvelle expérience faite par le bébé à naître *via* ses perceptions sensorielles, émotionnelles ou mentales enrichit ses neurones cérébraux.

CHAPITRE 2

Naissance de la voix

De la mère à l'enfant

L'épopée des dinosaures a commencé il y a 200 millions d'années. Ces reptiles exceptionnels sont les rois de la planète Terre. Un climat tropical domine, favorisant le gigantisme des plantes et des animaux. Les dinosaures sont à notre connaissance les premiers à être dotés d'oreilles et à pouvoir ainsi communiquer par les sons, même de façon rudimentaire. On retrouve chez des reptiles comme le crocodile ces oreilles primitives.

Les premiers mammifères possédaient déjà les trois différentes parties de notre oreille actuelle : 1. le canal auditif externe, qui achemine les vibrations arrivant sur le pavillon, très développé chez le chien ; 2. l'oreille moyenne, avec le tympan, qui est une véritable porte, très souple, de cette oreille moyenne où se trouvent trois osselets qui s'articulent les uns avec les autres : le marteau, l'enclume et l'étrier ; 3. l'oreille interne où ces vibrations arrivent par l'étrier à la cochlée. Tout cela nous permet d'entendre par un circuit bizarre et pourtant efficace : les vibrations d'abord captées dans l'air deviennent mécaniques avec les trois osselets puis liquidiennes dans le liquide intracochléaire et électriques dans les neurones qui transmettent le tout à notre cerveau (nerf

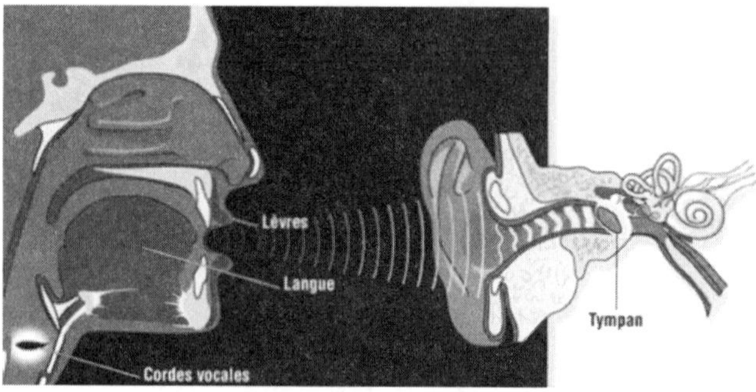

Le cerveau et l'audio-feed-back : la voix est une conséquence de l'audition ; l'oreille est le pilote de la voix.

acoustique). Avec ses trois canaux semi-circulaires, l'oreille interne sert aussi à gérer notre équilibre.

Avons-nous un seul cerveau ? En réalité, nous possédons trois cerveaux superposés. L'homme est un primate aux circonvolutions cérébrales particulièrement élaborées. Son cerveau reptilien régule les éléments vitaux tels que la respiration et le rythme cardiaque. Son cerveau limbique ou rhinencéphale, propre aux mammifères, permet de percevoir les odeurs et gère les émotions. Son « troisième cerveau », gourmand en sucre et en vitamines, est composé de deux hémisphères : le droit et le gauche, qui sont asymétriques. Bien que cette classification soit caricaturale, elle a le mérite d'être simple : l'hémisphère gauche est le siège principal de la voix (aires de Broca et de Wernicke) ; il régit le monde de la raison, de la logique et plus spécialement du langage et des fréquences musicales. L'hémisphère droit est le siège de l'émotion et est sensible à l'harmonie, à la mélodie en musique et à l'art.

L'environnement sonore du fœtus et du nouveau-né

À trois mois de grossesse, l'embryon devient fœtus. Ses expériences sensorielles précoces et le monde sonore qu'il perçoit participent à son éveil et à son développement.

La durée moyenne de la grossesse est de quarante semaines. Cependant un enfant peut naître avant trente-cinq semaines d'aménorrhée, soit avant le début du neuvième mois de grossesse : il est prématuré ; entre la vingt-cinquième et la trente-deuxième semaine c'est un grand prématuré. Dès la vingt-quatrième semaine, le fœtus commence non seulement à modeler son écoute et à intégrer des voix, mais à les différencier. Les neurones forment des connexions dans le cortex auditif, la région du cerveau qui interprète les sons. Le fœtus entend principalement les battements de cœur et la mélodie vocale de sa mère (basse fréquence). Les sons à haute fréquence ou produits par d'autres individus sont considérablement étouffés.

Deux études parallèles de l'Université de médecine de Harvard ont mis en évidence l'impact du monde acoustique chez 40 grands prématurés mis en couveuse, sous incubateurs. On les a soumis à des informations auditives : 20 d'entre eux aux sons d'origine maternelle (voix de la mère, battements de son cœur), et les 20 autres aux bruits de l'environnement hospitalier.

La première étude d'Alexandra Webb a montré que les 20 nouveau-nés exposés aux sons maternels avaient un cortex auditif plus développé que les 20 exposés à l'environnement bruyant de l'hôpital. Les enfants nés prématurément ont des probabilités deux fois plus élevées d'avoir des troubles de l'audition et de la compréhension des mots que les enfants nés à terme, parce que leur cortex auditif a été insuffisamment stimulé par la voix maternelle.

La seconde étude menée par Amir Lahav a fait apparaître que si l'on recréait pour chaque prématuré un environnement proche de l'environnement *in utero* en utilisant des enregistrements de la voix et des battements du cœur de sa mère, le résultat est surprenant. Son équipe a demandé aux mères d'enregistrer en studio une chanson et une histoire, on a enregistré les battements cardiaques des mères *via* un stéthoscope connecté à un micro. Les sons de haute fréquence ont été retirés des enregistrements. Le premier groupe de nouveau-nés a été exposé à des sessions d'écoute de quarante-cinq minutes ininterrompues puis répétées pour un total de trois heures par jour. Le second groupe n'entendait que les bruits de la salle de réanimation. Au bout de trente jours, un examen échographique pratiqué sur le cerveau des prématurés des deux groupes a montré un épaississement du cortex auditif dans le premier groupe, ceux qui avaient pu continuer à entendre les sons maternels. Cette stimulation aux vibrations de la mère avait permis un développement cérébral significatif et l'apprentissage du langage de façon beaucoup plus précoce dès l'âge de 12-15 mois.

À la naissance, le nouveau-né est soumis à un choc sismique. Son premier souffle de vie dans notre atmosphère est un cri. Sa voix est embryonnaire. Mais son monde sonore acquiert de la couleur. Un flux considérable de nouvelles informations arrive dans son cerveau, véritable déferlante sensorielle, visuelle, vibratoire et vocale. Désormais, il perçoit les sons aigus, il voit la lumière. Le clavier acoustique et le spectre des photons coexistent. Il préfère la voix de sa mère à toute autre, il reconnaît son timbre, sa mélodie, son rythme. Il se sent rassuré, il évolue dans des vibrations qui lui sont familières. Après quelques semaines, il est capable de distinguer la voix de sa mère de celle d'une autre femme. Il lui faut encore quelques semaines pour pouvoir identifier celle de son père.

À partir de l'âge de 2 ou 3 ans, l'enfant stimule sa propre voix en écoutant les autres et en s'entendant lui-même. Si l'un des premiers organes à s'être constitués chez l'embryon est l'oreille, c'est pourtant l'un des derniers à se développer complètement. Entendre sa propre voix permet de construire son édifice intime, personnel et individuel. Notre voix nous aide à communiquer, à prendre nos repères, à délimiter notre territoire. Autoritaire ou apaisante, furieuse ou émotive, elle nous trahit souvent.

Si le nourrisson pleure, c'est tout bonnement qu'il n'a pas encore d'autre expression vocale. Il tend ses muscles respiratoires et hurle au maximum. Ce hurlement strident peut atteindre une fréquence de l'ordre de 400-450 hertz sans que sa voix se brise. Les berceuses et les mots affectueux ne l'apaisent guère. Il a faim. Entre la quatrième et la sixième semaine, la mélodie que sa mère chantait quand elle le portait, le timbre de sa voix le calment, l'apaisent. Il émet quelques gazouillements. À 10 semaines, quand on lui parle, il regarde le locuteur, l'écoute, le suit des yeux ; son corps répond et se concentre. Entre 3 et 5 mois, il commence à babiller, ce sont ses premières tentatives de langage parlé. Son larynx est toujours haut perché ; il boit et respire en même temps. Mais son apprentissage vocal a commencé. Sa voix prend forme. Ses hurlements ne sont plus uniquement une expression vibratoire chaotique. De 6 à 8 mois, il écoute et reconnaît différents rythmes de musique. Il perçoit une octave et apprécie les harmoniques. On l'appelle par son nom, il le reconnaît. Il fredonne et répète des sons et des mots qu'il entend : « maman », « papa ». Dans sa deuxième année, il chante quelques mélodies, mémorise des milliers de mots, crée son propre dictionnaire vocal. Si ce sont de vrais jumeaux (dit « homozygotes », issus du même ovule), ils vont créer leur propre langue, incompréhensible pour les autres. La prosodie, le rythme vocal de sa langue maternelle sont formés. À 2 ans, le larynx, les caisses de résonance, le conduit vocal sont en place. Il peut, avant l'âge de 3 ans, agencer des phrases et maîtriser une compréhension grammaticale de base. Son système nerveux central se finalise. Les éléments multifactoriels de la voix humaine sont prêts à interagir.

L'effet de la voix maternelle

La voix maternelle possède des vertus inattendues. Nous venons de voir comment les sons émanant de leur mère renforcent le développement cérébral des prématurés dans les incubateurs. Pourquoi ? Des aires particulières du cerveau seraient-elles activées ? C'est ce que deux chercheurs de l'Université de Stanford, Menon et Abrams, ont voulu déterminer.

Ils ont étudié 24 enfants âgés de 7 à 12 ans élevés par leur mère biologique, ayant un quotient intellectuel supérieur à 80 et ne présentant aucun désordre du développement. Quand les enfants écoutaient un enregistrement de la voix de leur mère, il leur fallait moins d'une seconde pour l'identifier, même si les mots prononcés n'avaient aucun sens. Vinod Menon précise la méthode : « Entre 7 et 12 ans, la plupart des enfants ont de bonnes aptitudes au langage, aussi nous n'avons pas voulu utiliser des mots ayant un sens, ce qui aurait activé des circuits intracérébraux déjà connus de l'enfant. » La seconde étape est très instructive. Si on faisait écouter aux enfants l'enregistrement des mêmes mots prononcés par des femmes qu'ils n'avaient jamais rencontrées, on observait que, au-delà des aires du cerveau dédiées à l'audition, d'autres aires étaient stimulées s'il s'agissait de la voix maternelle. Mais ce n'était pratiquement pas le cas pour les autres voix féminines.

Ces régions qui s'allument à l'IRM sont celles des émotions (située dans le complexe temporal de l'amygdale), de la récompense (la voie méso-limbique et le cortex préfrontal médian), de la connaissance de soi, de la perception et enfin de la reconnaissance faciale. Daniel Abrams en conclut que « nombre des processus sociaux, linguistiques et émotionnels que nous adoptons proviennent de l'écoute de la voix de notre propre mère, qui possède le niveau le plus élevé de confort social et d'aptitudes à la communication ». L'impact de la voix maternelle est impressionnant dès notre plus tendre enfance.

L'expérience hormonale de Seltzer

La voix contribue à l'interaction sociale chez de nombreux vertébrés, mais on sait peu de chose des mécanismes hormonaux qui sont déclenchés quand un enfant entend la voix de sa mère. Deux hormones jouent un rôle dans notre comportement. L'ocytocine intervient dans la suppression du stress en présence des personnes que nous apprécions, que nous aimons, qui nous rassurent. Le cortisol à l'inverse augmente en situation de stress, de trac, de conflit ou de défi.

Leslie Seltzer, anthropologue biologiste de l'Université du Wisconsin, a étudié l'influence de la voix maternelle sur l'enfant soumis au stress. Elle demande à des filles âgées de 12 ans, accompagnées de leur mère, de résoudre en public une série de problèmes mathématiques difficiles. Ce protocole engendre du stress et accentue le rythme cardiaque : le niveau de cortisol augmente considérablement.

Elles sont alors scindées en trois groupes. Celles du premier groupe ont pu rencontrer leur mère juste après leur prestation : elles ont été réconfortées par sa voix, son contact physique et son étreinte. Celles du deuxième groupe n'ont eu aucun contact avec leur mère ; après leur prestation, elles ont regardé un film de soixante-quinze minutes. Celles du troisième groupe ont reçu un coup de téléphone, et c'est leur mère qui était au bout du fil.

Les filles du premier groupe accusent des niveaux élevés d'ocytocine et des taux de cortisol nettement diminués. Le contact avec leur mère leur a fait produire de l'ocytocine, ce qui a diminué leur stress. Les filles du deuxième groupe sont restées stressées : pas de production d'ocytocine et augmentation significative de cortisol. Quant à celles

du troisième groupe, elles ont des niveaux d'ocytocine et de cortisol voisins de ceux observés dans le premier groupe. En dehors même du contact physique, la voix maternelle a joué un rôle clé.
Dans les interactions sociales, si le contact physique est intéressant, la voix a un rôle capital. Les enfants retiennent la tonalité et les vibrations de la voix de leur mère – et ce depuis leur vie intra-utérine. Peut-être le succès des téléphones portables a-t-il une base biologique : un simple appel peut augmenter le taux d'ocytocine. L'hormone de l'amour serait-elle au rendez-vous par un simple coup fil ?

De l'enfant à la mère, du silence à la voix

Mme C., 37 ans, me consulte pour une voix chuchotée. Sa voix parlée est un souffle, un chuchotement. La toux, le rire ne sont pas sonores. Il n'y a aucune vibration venant des cordes vocales. Ce n'était donc pas une aphonie psychogène. Une pathologie, à ce niveau, est préoccupante. La respiration est normale. Elle m'apporte des clichés scanner des poumons et du larynx qui sont normaux. Aucune lésion du larynx n'est visible. « Ma voix, me dit-elle, est comme cela depuis mes 13 ans à la suite d'une grippe. Ma voix a disparu. Pendant quelque temps, j'ai avalé de travers, puis ça s'est passé. Mais je ne pouvais plus parler. Depuis plus de vingt-trois ans, ma voix n'est jamais revenue. Je m'y suis habituée. Mais maintenant, j'aimerais avoir une voix normale. » Je lui demande pour quelle raison. « J'ai deux enfants, un de 7 ans et un de 9 ans. J'habite dans un pavillon. Leur chambre est au premier étage. Quand je les appelle, j'agite une clochette ou j'appuie sur une sonnette qui est dans la cuisine. On m'a dit qu'aujourd'hui la médecine a fait des progrès, que vous pouviez me récupérer ma voix. Au téléphone, c'est trop difficile pour moi, les conversations sont très courtes. C'est vrai que mon mari, ça ne le gêne pas, mais moi, si. » L'examen du larynx montre une paralysie de la corde vocale gauche que l'on pouvait soupçonner sur le scanner qui avait été fait il y a quelques années. Les cordes ne se touchent pas pendant la parole ou le chant. La thérapie ne peut être que chirurgicale. Je lui explique : « Le principe est simple : la corde vocale droite bouge, et part de l'extérieur pour rejoindre la partie médiane de l'espace entre les cordes vocales. La corde vocale gauche ne bouge pas, elle est paralysée et atrophiée en position éloignée par rapport au centre du larynx. On va tout simplement injecter un produit dans la corde vocale paralysée, la gonfler pour qu'elle rejoigne le plus possible la ligne médiane. La corde vocale droite va venir au contact et ainsi créer la vibration. C'est comme vos doigts : l'index et le majeur, écarter on respire, coller on parle. Mais si l'index reste loin du majeur on ne peut pas parler, on le rapproche artificiellement. Cette intervention se fait sous anesthésie générale. » Deux mois plus tard, elle me rappelle pour prendre un rendez-vous pour l'intervention en chirurgie. Elle avait pris le temps de la réflexion et en avait parlé avec sa famille. L'intervention se passe sans problème, la voix est récupérée en sept jours. Elle est superbe, féminine, tonique et surtout la voix d'appel, la voix au téléphone sont devenues très satisfaisantes. Elle m'indique une chose incroyable : « Je n'avais jamais connu ma voix de FEMME, ma voix à la puberté, comme mes amies, insiste-t-elle. Je peux jouer avec ma voix. » Deux semaines se passent, Mme C., son mari et ses deux enfants arrivent dans mon cabinet. L'incroyable se produit : « Je ne reconnais plus ma mère », me dit l'aîné. Sur un ton presque de reproche. Son mari m'invective : « Ce n'est pas la femme que j'ai épousée, je ne la reconnais pas », et Mme C. de dire avec une voix ferme et tonique : « Mais moi, maintenant je vis normalement, je peux t'appeler, je peux parler au téléphone, j'ai découvert une vie sociale, je suis une vraie femme. » Pour sa famille, cette faible tonalité vocale était leur normalité. J'avais métamorphosé cette voix. L'expression presque triste d'un passé nostalgique d'une voix éteinte de leur mère, de sa femme, était devenue positive. Ils finirent par admettre la décision que Mme C. avait prise. Les enfants ont terminé la consultation en précisant : « C'est vrai que maman voulait avoir une voix normale depuis longtemps, et finalement c'est mieux comme cela. Mes amis ne me demanderont plus pourquoi sa voix est cassée. » Il n'en reste pas moins que cette voix silencieuse, chuchotée, était celle que les enfants avaient connue. Un an plus tard, Mme C. me consulte avec ses enfants. Ils me précisent que cette voix ressemble à celle de leur grand-mère et qu'ils sont très heureux. Quant au mari, je n'ai pas osé demander ce qu'il en pensait.

Neurones miroirs et développement fœtal

Une chose est certaine : lorsque nous apprenons à parler, nos ressources mentales ne sont pas focalisées sur un processus univoque rationnel et objectif. De même, quand nous sommes engagés dans une communication spontanée et sincère avec autrui, nos émotions se déclenchent, notre mémoire s'active. L'échange requiert d'être en phase avec l'autre et d'intérioriser ses intentions et son processus mental, d'où le rôle important des neurones miroirs par rapport à la voix humaine et à son pouvoir de projection.

Les neuroscientifiques Vittorio Gallese et Giacomo Rizzolatti ont découvert les neurones miroirs dans les années 1990. Ces neurones permettent de mieux comprendre les mécanismes d'apprentissage par imitation, les processus affectifs, l'émotion et l'empathie. Ils s'activent quand un sujet observe l'exécution d'une activité motrice tendant vers un but spécifique, ou par l'écoute de la voix décrivant la même activité. Le cerveau de l'observateur reproduit l'action dans les mêmes aires cérébrales que celui qui l'accomplit physiquement ou verbalement. Bref, l'observateur devient virtuellement le miroir de l'autre.

Le cerveau humain compte près de 100 milliards de neurones. Cette galaxie cérébrale comporte notamment des neurones canoniques (activés dans l'accomplissement d'une activité spécifique) et des neurones miroirs (activés quand on voit quelqu'un d'autre l'accomplir ou que l'on entend quelqu'un d'autre la décrire). C'est l'observation de notre cousin primate qui a permis de comprendre ce phénomène. Quand un singe parvient à saisir un objet, il diligente une séquence de neurones moteurs dans une région précise de son cerveau, ce qui est parfaitement normal. Mais s'il observe un autre primate, homme ou singe, faire la même action, il l'imite, c'est-à-dire qu'il déclenche une séquence identique de neurones moteurs, comme si c'était lui qui s'emparait activement de l'objet. Ce système est plus complexe chez l'homme que chez le singe. Non seulement ses neurones miroirs se déclenchent quand il voit les autres agir, mais aussi quand il écoute quelqu'un décrire cette action. En d'autres termes, que nous observions les autres ou que nous les écoutions, notre cerveau mime les actions et duplique les séquences.

Dans le domaine de la voix, des « neurones miroirs audiovisuels » (situés dans l'aire F5 du cerveau) sont connectés avec l'aire de Broca. En 2002, Evelyne Kohler a découvert cette catégorie de neurones miroirs, stimulés non seulement à l'observation mais aussi à l'évocation d'une action effective. À l'écoute d'un discours, l'aire de Broca est activée et le discours silencieusement intégré comme si on le disait nous-même. Pendant une activité motrice, il y a un affichage visuel des variations du flux sanguin dans les aires spécifiques du cerveau à l'IRM aussi bien chez l'exécutant actif que chez le commentateur ou chez l'observateur passif. Dans la plupart des cas, il s'agit d'un épiphénomène automatique et inconscient. Un double jeu s'engage entre celui qui parle et celui qui écoute : tous deux sont à la fois acteur et spectateur. De là la nécessité impérieuse, par exemple, d'évaluer la portée réelle de l'action des neurones miroirs chez les enfants et les jeunes qui s'adonnent à des jeux vidéo extrêmement violents, au point d'utiliser parfois les mêmes expressions verbales que les personnages du jeu : la distinction entre le virtuel et le réel, en s'estompant, peut avoir des conséquences désastreuses sur l'éducation de nos enfants et sur notre société.

La même implication personnelle s'opère quand l'enfant écoute sa mère, quand les élèves sont attentifs en classe ou que le public prête l'oreille à son idole. Le dénominateur commun est ici l'identification et l'empathie. En reliant la perception avec l'activité motrice, les neurones miroirs renforcent les voies neuronales de notre cerveau moteur. C'est assurément pour cela que le niveau de jeu des tennismen et des golfeurs est de plus en plus élevé. Depuis leur enfance, ces joueurs ont visualisé des centaines de fois les matches de leurs champions et se sont ainsi approprié leurs gestes en mobilisant leurs propres neurones miroirs. Il en va de même pour nos apprenties chanteuses ou apprentis chanteurs : des émissions comme *The Voice* ont fait des émules sans que l'on s'en aperçoive.

Impliqués dans l'apprentissage de la parole, les neurones miroirs stimulent les aptitudes motrices du larynx, de la bouche et des muscles de la langue. Ils établissent des liens qui échappent à tout arbitrage intellectuel. Le tout-petit apprend à imiter spontanément ce qu'il voit, ce qu'il entend. Même avant la naissance, le cerveau du fœtus enregistre un catalogue substantiel qui nourrit la banque mémorielle de ses émotions et de ses comportements. Dans la symbiose entre la mère et l'enfant à naître, les deux cerveaux communiquent constamment grâce aux neurones miroirs. Dans le ventre maternel, le fœtus est imprégné par une symphonie sensorielle dominée par la voix de sa mère, le rythme du battement de son cœur, rythme à trois temps, rythme de la valse, rythme qui rassure. Les chansons fredonnées par la mère durant sa grossesse et la musique entendue par le fœtus auront ensuite un effet apaisant sur l'enfant qui pleure et le prédisposeront à la musique et au chant. En écoutant la voix maternelle, en entendant les airs de son époque prénatale, l'enfant connaîtra une quiétude incomparable, source d'une excellente concentration.

Cerveau gauche et cerveau droit

La perception du son et des harmoniques est très différente dans les hémisphères droit et gauche du cerveau. Le cerveau gauche est destiné à recevoir de larges bandes d'informations sonores comportant peu de fréquences et pouvant changer rapidement. Le cerveau droit est plus sensible aux émotions et au phrasé musical. Ainsi, l'attention à la parole, aux mots prononcés et l'analyse du solfège relèvent du cerveau gauche, tandis que la sensibilité aux harmoniques et aux mélodies est l'affaire du cerveau droit. Nous pouvons en faire nous-mêmes le test. Couvrons successivement notre oreille droite et notre oreille gauche tout en chantant. Notre mode d'écoute est différent. L'un est harmonique, l'autre analytique.

En est-il de même chez la femme et chez l'homme ? C'est là une question extrêmement controversée, qui se ramène à cette question majeure : y a-t-il une différence de sexe dans l'organisation fonctionnelle du cerveau ? L'équipe de Shaywitz à l'Université Yale a étudié cette différence en recourant à l'imagerie par résonance magnétique fonctionnelle écho-polaire. On a demandé à 38 sujets droitiers, hommes et femmes, de prononcer les mêmes phrases de façon identique. Le résultat fut inattendu. Chez les hommes, la projection du langage « phonologique » se faisait strictement dans le cerveau gauche. Chez les femmes, si le cerveau gauche était activé, la zone correspondante était également activée dans le cerveau droit. En Occident, la langue est une fonction essentiellement cartésienne chez l'homme, alors qu'elle est à la fois cartésienne et affective chez la femme. L'homme serait-il atrophié de son cerveau droit ?

La neuro-imagerie a montré que notre cerveau évolue depuis la « prénaissance » jusqu'à l'âge adulte, mais cette évolution diffère chez les hommes et chez les femmes. Longtemps, dans la civilisation occidentale, le langage masculin ne devait trahir aucune émotion. L'homme était censé décider, se battre et ne pas pleurer. Rien de surprenant dans ces conditions que son centre linguistique soit principalement situé dans l'hémisphère gauche, dans son cerveau mathématique. En revanche, les femmes ont droit à l'émotivité. Elles peuvent laisser parler leur cœur, leur cerveau droit, le monde de l'intuition. Si l'homme est le Spartacus de la voix, Athéna en est la femme où la voix est l'instrument entre l'émotion et la raison.

Malgré le rôle spécifique joué par chaque partie du cerveau, notre voix trouve son expression à travers leur association harmonieuse. Les fréquences de la voix humaine oscillent entre 100 et 3 000 hertz. Cette gamme, tout comme l'activation du cerveau gauche ou droit, est évidemment soumise aux influences socioculturelles. L'éventail des fréquences est plus grand en Russie qu'en France. Les fréquences sont plus musicales en Italie qu'en Allemagne. Mais, à la source de toutes les vibrations vocales, on trouve la voix maternelle.

CHAPITRE 3

Voyage au centre de la voix

Chanter, jouer la comédie, plaider ou parler : la voix requiert une technique vocale propre à chacune de ces activités. Comme un peintre qui doit posséder la technique qui guide sa main pour donner à voir et à émouvoir, un enseignant, un avocat, un acteur ou un chanteur lyrique doit maîtriser sa voix parlée ou sa voix chantée. Cette maîtrise repose sur une parfaite connaissance de son instrument vocal : ainsi seulement sa compétence peut servir ses émotions – ou celles qu'il veut faire ressentir au public.

Regarder la voix

On commence à « regarder » la voix au XVe siècle avec les premiers dessins anatomiques du larynx effectués par Léonard de Vinci. En 1834, le docteur S. Elvey reçoit la médaille d'or de la Royal Society de Londres pour l'invention d'un instrument que l'on pouvait enfoncer dans la gorge afin d'inspecter les cordes vocales : celui-ci était assorti de différents miroirs et d'une bougie indispensable pour éclairer l'intérieur du corps.

Vingt ans plus tard, une révolution scientifique voit le jour. Manuel Garcia, né en 1805, qui n'était pas scientifique mais professeur de chant, fils d'un chanteur espagnol renommé, avait perdu sa voix vers la trentaine à l'issue d'une brève carrière de baryton. Frère de la Malibran, la grande diva de l'époque qui avait détrôné les castrats dans les faveurs du public, il voulait comprendre l'instrument voix. Comment la voix se formait-elle dans notre corps ? Observer les cordes vocales dès la première vibration, suivre les mouvements du larynx pendant l'émission de la parole ou du chant devinrent son obsession. Le mystère et le secret des grandes voix l'intriguaient. En 1854, lors d'une promenade dans les jardins parisiens du Palais-Royal, un rayon de soleil ricoche sur le pommeau de sa canne et l'éblouit. L'idée venait de prendre forme : pourquoi ne pas observer les cordes vocales à l'aide de miroirs pour faire « rebondir » la lumière dans la profondeur de la gorge et du larynx ? Il se précipite aux établissements Charrière, fabricant de miroirs pour dentisterie situé rue de l'École-de-Médecine. De retour chez lui avec un miroir de 6 francs, il commence par s'examiner lui-même. Il découvre ses propres cordes vocales. La laryngologie était née. En quelques années, la réputation de Manuel Garcia comme professeur de chant et scientifique de la voix se propage dans toute l'Europe.

Quand regarder la voix devenait possible, quelques décennies plus tard, Edison inventait le phonographe. On pouvait désormais enregistrer la voix. Les techniques d'observation de la gorge évoluent. Dans les années 1930, le laryngoscope permet d'observer les cordes vocales par la bouche. En 1980, le fibroscope flexible peut donner une image du larynx en passant par la narine : il atteint la fosse nasale gauche ou droite, passe derrière la luette jusqu'à la gorge et arrive directement sur le sommet du larynx. Dès 1981, la vidéofibroscopie naso-laryngée apparaît. On enregistre l'examen anatomique du larynx avec la voix, un apport technique capital sur le plan scientifique, diagnostique et médico-légal. Il était maintenant possible de revisionner l'examen vidéolaryngé avec le patient et lui faire partager l'information scientifique. L'observation des structures vocales sans introduction d'instruments dans la bouche évite de perturber le langage articulé. La voix reste naturelle. D'autres techniques d'exploration de la voix se sont développées depuis 2007 par stroboscopie (film au ralenti qui permet d'observer très précisément les vibrations des cordes vocales et d'aider au diagnostic de lésions très difficiles à découvrir auparavant). Depuis 2015, la vidéo-endoscopie par imagerie à haute vitesse permet d'observer avec une précision plus grande les vaisseaux des cordes vocales. On peut visualiser les capillaires pendant les moments de haute intensité vocale et l'apparition de microvarices éventuelles lors de la phase prémenstruelle d'une patiente. C'est là en outre une technique de pointe pour diagnostiquer des maladies comme le papillomavirus ou le cancer du larynx, complétée de nos jours par l'imagerie avec une pseudo-fluorescence, pratiquée lors de la consultation de vidéofibroscopie. Des pathologies causées par le surmenage de la voix peuvent être prévenues : après quelques minutes d'exercice de la voix, de petites veines commencent à enfler, des nodules et un fluide muqueux épais se forment. Un surmenage vocal de mauvais augure peut être détecté avant qu'il ne se termine en lésion des cordes vocales. Cette exploration vocale fournit enfin la carte d'identité de la voix : l'empreinte vocale.

Un instrument à cordes et à vent

Exceptionnel à deux titres, le larynx est le seul instrument à cordes et à vent ; il joue à la fois « des paroles » et « du chant » grâce à ses résonateurs qui changent de forme à chaque tonalité et les cordes vocales, qui sont ce qui donne naissance à la vibration et à sa fréquence. Mais combien a-t-on de cordes vocales ?

La logique de Laurence

Laurence, 9 ans, pianiste et chanteuse, me consulte accompagnée de son père pour un enrouement qui traîne depuis deux mois. Elle a de petits nodules consécutifs à un forçage vocal. « C'est quoi, les cordes vocales ? », me demande-t-elle, et je lui retourne la question : « Mais pour toi, Laurence, combien a-t-on de cordes vocales ?
– Eh bien toi, tu dois le savoir, mais pour moi on a deux cordes vocales. » Le père intervient : « Regarde, quand je joue de la guitare, j'ai plusieurs cordes, donc on a quatre cordes vocales. » Il me regarde, attendant un signe d'approbation, je ne dis rien. Laurence reprend : « Papa, réfléchis, on a deux cordes vocales comme on a deux pieds, deux mains et deux oreilles. » Je l'interroge : « Pourquoi deux cordes vocales ?
– Alors ça, c'est facile, dit-elle : une pour jouer, enfin chanter dans les graves, et une dans les aigus. C'est comme au piano, ma main gauche joue les graves comme la corde vocale gauche et ma main droite joue les aigus comme la corde vocale droite. »
Je lui explique : « Effectivement, nous possédons deux cordes vocales, une à gauche et une autre à droite. Elles s'ouvrent quand nous respirons et se ferment quand nous parlons. Elles sont horizontales et pas verticales comme tu pourrais le croire en regardant l'écran. Elles se situent exactement au milieu du cou, au sommet de la trachée. Ce sont elles qui vibrent comme les cordes du violon quand l'archet les frotte. Mais ici, les cordes doivent être en contact. Leur contact fait qu'elles vibrent l'une contre l'autre.
– Je n'ai pas bien compris, me dit Laurence.
– Pour donner un son, l'archet doit être en contact avec la corde du violon et glisser dessus. Ici, les deux cordes vocales sont en contact et c'est le souffle qui les fait vibrer, il joue le rôle du glissement de l'archet. Plus tu souffles fort, plus le son est puissant. Mais si tu souffles trop fort, sans bien te préparer, tu blesses tes cordes vocales, tu les abîmes et tu fabriques des nodules. Les nodules, c'est comme des petits boutons. De même que si tu frottes trop fort l'archet, tu endommages les cordes du violon. Tes cordes s'allongent dans les aigus et se raccourcissent dans les graves mais ce sont toujours les mêmes. Un enfant de ton âge a des cordes vocales de 10 millimètres de long, chez ton père elles ont

23 millimètres de long, et 18 chez ta mère. » Je regarde alors son père : « Effectivement, nous avons deux cordes vocales et aussi ce que l'on appelle deux fausses cordes vocales, qui sont situées au-dessus des vraies cordes vocales. C'est de ses deux fausses cordes vocales que se sert Louis Armstrong quand il chante “When the saints go marching in”. Elles servent à renforcer la puissance de nos abdominaux en coinçant notre respiration comme quand on est constipé. Elles augmentent la force de la sangle musculaire artificiellement, ce qui est déconseillé chez les chanteurs d'opéra. Par ailleurs, les vibrations des cordes vocales deviennent “voix” après avoir parcouru l'espace qui les sépare des lèvres. Cela s'appelle la caisse de résonance. » Après cette rencontre, j'ai eu l'idée de faire une vidéo de 6 minutes sur Internet destinée aux enfants : *La voix, je la vois*, avec le réalisateur Laurent Juppé.

Comment fonctionne la machine vocale ? Les cordes vocales sont constituées d'un muscle strié, comme le biceps, couvert par une membrane muqueuse blanche. Pour la note *la*, le mouvement rythmique de la membrane produit « 440 bouffées d'air par seconde », ce qui donne la vibration. Les membranes des cordes vocales vibrent en entrant en contact l'une avec l'autre et forment un V dont la pointe en avant est la seule partie fixe. Le son est alors propagé vers le haut, au-dessus des cordes vocales, à travers la caisse de résonance. Fait étonnant : la vibration se produit quand on expire, jamais à l'inspiration. Elle n'est pas commandée directement par notre cerveau mais par l'expiration. Si nous contrôlons la contraction des muscles vocaux, ce n'est pas le cas de la vibration, qui elle est contrôlée par la force de notre souffle. Ce souffle pulmonaire donne sa puissance à notre voix. Ses harmoniques dépendent de la caisse de résonance

Nous savons donc que la longueur des cordes vocales et, par conséquent, la tonalité, est sous notre contrôle direct et volontaire par la contraction de nos muscles vocaux dans leur tonicité et dans leur longueur. Nous savons que l'énergie de notre expiration donne de la force à notre voix grâce à l'amplitude de la vibration de la membrane de la corde vocale. Plus grande sera l'amplitude, plus forte sera la voix, et inversement. La clé réside dans le contrôle de la respiration. Chaque fois que l'on émet une note musicale donnée, on la reproduit à l'identique avec la même longueur, la même épaisseur, la même tension et la même élasticité des cordes vocales. Tout comme avec une corde d'un violon plus ou moins tendue et pincée à tel ou tel niveau de sa longueur. La corde vocale, comme un élastique, s'amincit en s'allongeant et s'épaissit quand elle se raccourcit. Une onde vibratoire unique se forme sur chaque corde vocale en phase parfaite. Si le synchronisme vibratoire entre la corde vocale de gauche et celle de droite est affecté, la voix paraît enrouée. Sa longueur, son épaisseur, sa tension et son élasticité sont spécifiques à chaque fréquence émise. Maîtriser cela de façon parfaite et régulière, sans même y prêter attention, est l'une des aptitudes les plus remarquable des chanteurs professionnels.

Émettre un *fortissimo* ou un *pianissimo*, un *do* ou un *mi* demande un travail de précision constant et un réglage minutieux. Cela suppose beaucoup de travail pour que le son résonne de manière simple et naturelle. Une connaissance intime des mécanismes du larynx permet de mieux contrôler cet instrument complexe. Il réclame un entraînement régulier chez le chanteur et surtout chez la chanteuse, dont la variabilité hormonale joue un rôle non négligeable sur ce mécanisme de précision. Une cantatrice « accorde » sa voix avant chaque concert.

Le sexe et l'âge influent sur la vitesse de la vibration quand on parle. La vitesse moyenne de la vibration chez l'homme se situe à 140-180 cycles par seconde ou 140-180 hertz, alors que chez la femme elle est de 200-220 hertz et chez l'enfant de 250 hertz.

Une belle voix dépend de trois impératifs interdépendants, en particulier chez la femme, dont la fréquence vocale est plus élevée. Vibration, fermeture et lubrification sont indispensables. Si les cordes vocales ne vibrent pas ou ne vibrent que partiellement, la qualité de la voix sera pauvre. Si les cordes vocales ne se touchent pas, aucun son ne sera produit. Si les cordes vocales qui vibrent à raison de 200-300 vibrations par seconde ne sont pas lubrifiées, la voix se dégrade en quelques minutes. Elles sont en surchauffe, elles s'assèchent. Le besoin de s'éclaircir la gorge se fait sentir. La mécanique vocale est d'une exigence implacable.

Le nerf vague et l'environnement

Le nerf vague (aussi appelé nerf crânien n° 10) est l'unique nerf qui contrôle l'ouverture, la fermeture et la sensibilité des cordes vocales. Il leur permet de se contracter ou de se relâcher. Il détermine leur tension et leur longueur. Si ce nerf fonctionne mal, est atteint par un virus qui le paralyse ou est sectionné (complications rares de la chirurgie de la glande thyroïde, parathyroïde ou des carotides), les cordes vocales sont paralysées et la voix altérée. Si vous criez, toussez, riez, pleurez, vomissez, avalez ou parlez, c'est le nerf vague qui commande. Ce nerf agit aussi sur le rythme cardiaque, les vaisseaux sanguins, les poumons, ainsi que sur le reflux gastrique et le transit digestif. La stimulation de ce nerf du stress par excellence provoque de l'acidité gastrique, une gorge sèche, le trac ou un pouls qui s'accélère.

Quand le larynx émet des sons et des paroles, la voix envahit l'espace. Mais sa couleur sera différente selon l'humidité ou la chaleur, qui peuvent remodeler, altérer ou améliorer le son et la projection de la voix. La vitesse du son et la qualité de certains harmoniques sont particulièrement affectées par l'environnement,

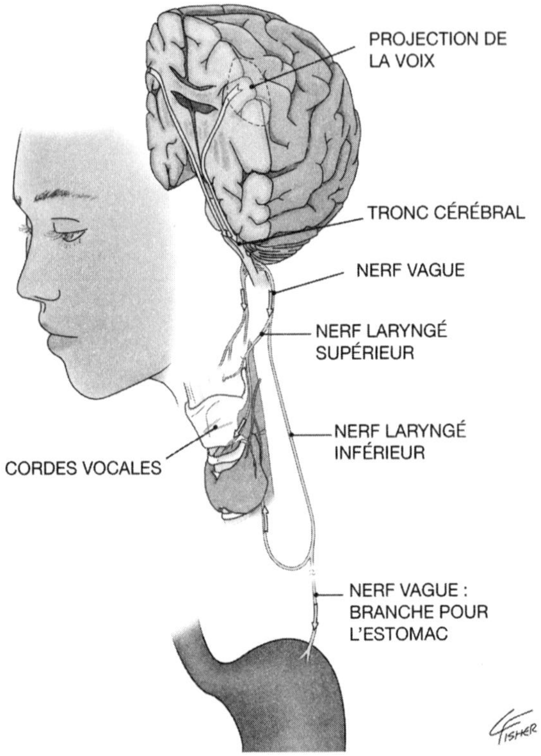

Le nerf qui commande notre voix.

comme le savent bien les chanteurs d'opéra et les artistes de variétés. Un théâtre vide ou froid n'a pas la même acoustique qu'un Opéra chauffé à l'atmosphère humidifiée par la respiration de trois mille spectateurs.

L'écrin des cordes vocales

Chez l'homme, la pomme d'Adam est au niveau des cordes vocales. Plusieurs muscles la suspendent entre la tête et le thorax. Les muscles qui l'enveloppent jouent un rôle indispensable dans

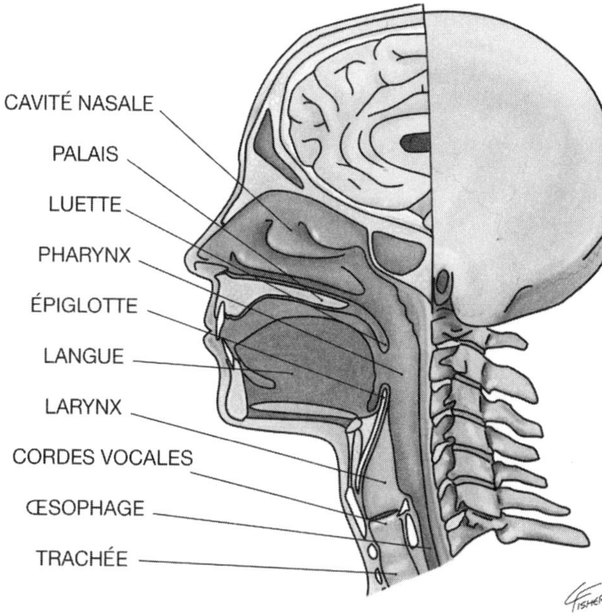

Conduit vocal de l'adulte.

l'expression vocale. Entre le menton et la pomme d'Adam, un petit os isolé en forme de fer à cheval, l'os hyoïde, permet l'insertion des muscles de la langue et assure leur incroyable mobilité. Les muscles du cou sont particulièrement puissants chez les chanteurs, et la réactivité musculaire issue des contractions réalisées par les professionnels de la voix fait d'eux de véritables athlètes. La posture verticale est un élément de longévité dans leur carrière.

Le larynx est un organe très mobile. Cette mobilité est indispensable pour avaler et pour parler. Il a la forme d'un cône renversé dont la base serait tronquée. Les muscles du cou qui l'entourent le protègent et l'aident à manœuvrer, la colonne cervicale est située juste en arrière. Il est constitué de muscles, d'épithélium, de fibres, d'os et de cartilage. C'est un instrument de précision. Les deux cordes vocales, horizontales et symétriques, représentent ses éléments les plus nobles. Elles sont protégées par le cartilage thyroïde (du grec *thyros*, « bouclier »). La pomme d'Adam, propre à l'espèce humaine, résulte de la calcification de ce cartilage sous l'effet des hormones mâles. Son relief permet de distinguer extérieurement la gorge d'un homme de celle d'une femme, si bien qu'il faut une intervention chirurgicale pour la supprimer chez les transgenres femmes. Le cartilage thyroïde repose sur le cartilage cricoïde (du grec *krikos*, « anneau »), situé au sommet de la trachée.

La forme du larynx conditionne la tessiture vocale. Sa structure et ses dimensions sont très souvent en corrélation avec l'anatomie de l'individu. Ainsi, les ténors sont généralement costauds, avec des muscles du cou très développés : le larynx est peu saillant, ses angles sont arrondis et le cartilage thyroïde est plus ouvert à l'arrière, la pomme d'Adam n'est pas proéminente. Ce qui contraste avec les barytons, grands et minces, à la pomme d'Adam très prononcée : leur long larynx, plus profond et plus étroit, plonge littéralement dans les cordes vocales. Chez les femmes, des différences anatomiques entre le cou d'une soprano et celui d'une alto existent également, même si elles sont plus difficilement perceptibles lors d'un simple examen visuel.

Deux petits cartilages symétriques, les aryténoïdes, sont les seules articulations mobiles des cordes vocales : situés à l'arrière, ils s'articulent avec le cartilage cricoïde et permettent l'ouverture et la fermeture des cordes. Grâce à leur forme pyramidale, ils glissent, pivotent, roulent et se balancent physiologiquement sur le cricoïde pour permettre le mouvement de la glotte. Le muscle de la corde vocale s'y attache. Quand les articulations crico-aryténoïdes sont affectées (inflammation ou arthrose), la voix parlée et chantée s'éraille et s'éteint. Ces articulations jouent un rôle capital dans la déglutition et peuvent être traumatisées en cas d'intervention. Il est donc fortement recommandé aux professionnels de la voix d'avertir le chirurgien et l'anesthésiste d'être extrêmement prudents en cas d'intubation et d'utiliser une petite sonde, comme pour un enfant de 10 ans, en cas d'anesthésie générale.

De la naissance à l'âge adulte, notre instrument laryngé se transforme. La puberté cause des changements profonds chez le garçon : la pomme d'Adam apparaît, les cordes vocales s'allongent, se galbent, l'épithélium (la peau qui recouvre le muscle vocal) s'épaissit. Des signes de calcification apparaissent sur le cricoïde chez les garçons comme chez les filles et cette calcification sera complète entre 24 et 38 ans. Mais l'angle formé par les volets du cartilage thyroïde est plus fermé et s'ossifie davantage chez l'homme que chez la femme, ce qui lui permettra de développer une énergie vocale plus importante au fil du temps.

Le larynx de l'homme (44 millimètres) est plus long que celui de la femme (36 millimètres) et son diamètre antérieur-postérieur moyen est supérieur (respectivement 36 et 26 millimètres). Car, après la puberté, le larynx de l'homme grandit beaucoup plus que celui de la femme, et la taille de sa glotte double. L'agilité de l'articulation du larynx et le développement des muscles laryngés augmentent avec l'entraînement. Pour les professionnels de la voix, la stimulation est déterminante s'ils veulent conserver une bonne qualité de voix tout au long de leur vie, à condition d'éviter le surmenage. Pour ceux qui ne chantent pas, parlez beaucoup, c'est le meilleur traitement pour garder votre voix !

Les exigences vocales ne sont pas les mêmes pour tous les professionnels, même si tous font un usage intensif de leur voix. Par analogie, on peut dire qu'après cinq ans d'entraînement compétitif, les nageurs de crawl et de brasse n'ont pas développé la même morphologie : si leur résistance respiratoire athlétique est similaire, les deux styles ont en revanche affûté des muscles différents. Les cartilages thyroïde et cricoïde sont reliés par une articulation qui est très développée chez les chanteurs. Cela permet au larynx de faciliter le passage des fréquences hautes vers des basses.

Le secret des cordes vocales

La synchronisation des deux cordes est parfaite. Elles grandissent jusqu'à la puberté pour mesurer, chez la femme, 17-19 millimètres de long et 3-4 millimètres de large, et chez l'homme 23-25 millimètres de long et 4-5 millimètres de large. Cependant les chanteurs à la voix de basse ont parfois des cordes vocales de 26-27 millimètres de longueur, et les cantatrices alto des cordes de 20-22 millimètres. La partie médiane de la corde vocale vibre librement et c'est principalement à ce niveau que peuvent se former des nodules et des polypes. Elle représente près de 37 % de la longueur totale de la corde chez l'homme (soit environ 8,5 millimètres) et 29 % seulement chez la femme (soit environ 4,6 millimètres). Dans cette zone de vibration maximale, la couche profonde de la muqueuse est formée de faisceaux entrelacés de collagène (de fibres élastiques), qui ont une fonction d'amortisseur et qui garantissent la nutrition et l'hydratation des tissus. S. Gray, dans les années 1990, a découvert dans ces fibres le secret de notre extraordinaire souplesse vocale. D'autres fibres, les protéoglycanes, jouent le rôle de ressorts et absorbent les chocs vibratoires en amplifiant la vibration de la muqueuse de la corde vocale comme un trampoline. Les capillaires apportent un lubrifiant nécessaire pour éviter l'échauffement consécutif au frottement entraîné par les vibrations. Une belle voix n'est possible que si la membrane muqueuse de la corde vocale est parfaitement hydratée, tonique et souple.

Les cordes vocales sont influencées par des facteurs génétiques et épigénétiques. La synthèse des fibres collagènes et élastines révèle parfois un faible seuil de résistance à l'effort vocal. D'expérience, je dirais que moins de 2 % des femmes asiatiques ont des nodules sur les cordes vocales, contre 50 % parmi les Italiennes ou les Brésiliennes. La pathologie rare du *sulcus vocalis* (ou creux sur la corde vocale) est le résultat de l'absence de la troisième couche qui apparaît habituellement à la puberté. Elle entraîne une voix rauque et voilée. Parfois cette troisième couche peut avoir été « arrachée » sous l'effet d'une toux violente ou du traumatisme d'une chirurgie de la corde vocale liée à un cancer. Mais cette pathologie peut aussi avoir une origine génétique.

J'ai ainsi examiné Anna, âgée de 21 ans, dont la voix était rauque et faible depuis l'enfance. Anna la décrivait comme ayant « une double vibration ». Pendant l'examen par vidéo-stroboscopie, je détecte une déficience dans la vibration, dans l'onde qui ne glisse plus correctement sur le muscle vocal, et ce sur chacune de ses cordes vocales. J'apprends que ses deux frères de 20 ans et 12 ans, ainsi que leur père, ont des voix semblables à la sienne. Dans la famille, seule la voix de la mère est normale. Malgré de nombreuses sessions d'orthophonie, aucune amélioration ne se produit : la membrane muqueuse est trop affectée. J'ai donc procédé à l'injection d'une substance destinée à rétablir entre le muscle et la muqueuse un espace de glissement permettant la vibration. Et la voix d'Anna s'est très sensiblement améliorée grâce à l'application de la microchirurgie à ses cordes vocales.

La respiration

C'est la respiration qui produit l'énergie du cœur vibratoire de la cathédrale vocale. On respire 17 fois par minute. La pleine capacité des poumons (la quantité maximale d'air que l'on peut s'efforcer d'inhaler et d'exhaler) est de 3 à 3,5 litres pour les femmes (4 litres chez les cantatrices) et de 4 à 4,5 litres pour les hommes (5,5 litres chez les chanteurs). La respiration est activée par l'élasticité des poumons et du diaphragme, par les muscles de la cage thoracique, de l'abdomen et de la région pelvienne. Quand on respire normalement, les phases d'inspiration et d'expiration occupent respectivement 40 et 60 % du cycle respiratoire. Mais quand on parle ou que l'on chante, la phase d'inspiration est nettement plus brève, elle ne représente alors que 10 % du cycle respiratoire (contre 90 % du cycle pour la phase d'expiration). On ne parle que dans l'expiration. Le contrôle de la respiration est déterminant si l'on désire que la voix demeure stable et non hachée comme chez certains présentateurs à la télévision.

Les chanteurs d'opéra le savent bien : les muscles abdominaux et pelviens sont fondamentaux dans la tenue vocale du chant. Une de mes patientes, cantatrice, m'a surpris en me disant « Je chante avec ça » – et de préciser : « Il m'arrive d'avoir presque un orgasme en chantant. » Le diaphragme descend et la cage thoracique s'agrandit. Les nerfs rachidiens (provenant de la colonne vertébrale) contrôlent en grande partie la respiration et le diaphragme. Ils contribuent à la puissance de la voix chantée. Les muscles intercostaux, élastiques, entourent les poumons. Ils sont sous notre contrôle volontaire tout comme le sont les pectoraux au niveau de la poitrine. Le point d'insertion des côtes à l'avant sur le sternum se calcifie dès l'âge de 60 ans, et seule une activité sportive et un entraînement vocal soutenus permettent de continuer à solliciter pleinement sa voix. Un sport associant respiration et effort musculaire permet à des professionnelles de la voix comme Beyoncé ou Madonna de conserver une puissance vocale impressionnante quel que soit l'impact de leurs hormones pendant le cycle menstruel ou la grossesse.

La caisse de résonance

Les résonateurs supérieurs sont situés au-dessus des cordes vocales, la trachée et les bronches formant les résonateurs inférieurs. Si on pose sa main à plat sur sa poitrine ou dans son dos quand on chante, on perçoit la résonance : tous ces éléments vibrent.

Trois anecdotes féminines

M. M., enseignante en école maternelle, se plaint de ronflements.
Elle avait pris du poids l'année précédente, près de 6 kilos. Elle me consulte pour une ablation de la luette (une uvulo-palato-plastie) conseillée par le docteur « Internet »... En effet, les ronflements peuvent être dus à une augmentation importante de la luette, qui vibre la nuit et peut être très bruyante, voire causer des apnées nocturnes. Mais un acte pareil détruit la cathédrale vocale et la lubrification de la sphère pharyngée dont l'un des éléments essentiels, et presque indispensable, est justement la luette. La première chose à faire est de maigrir. La consultation fut brève : « Madame, votre instrument de travail, c'est votre voix, et la luette sert à humidifier la gorge et les cordes vocales. Il faut déjà la réaccorder en perdant 5 à 6 kilos, et nous nous reverrons ensuite si nécessaire. Dans votre métier, vous parlez et vous chantez avec les enfants, vous ne pouvez pas vous permettre d'avoir une voix qui se fatigue en quelques minutes par une sensation de sécheresse dans la gorge. » Quatre mois plus tard, elle a maigri, mais ronfle toujours. La luette s'est amincie mais est restée trop longue et vibre beaucoup, à écouter l'enregistrement qu'elle m'a apporté. Après un test d'apnée du sommeil et un scanner de la région pour évaluer la taille réelle de la luette, je lui propose une microchirurgie par laser pour

uvulo-palato-plastie *partielle*. « Grâce à cette technique, très peu invasive, je vous redonnerai la forme et le volume de la luette que vous aviez à l'âge de 20 ans, sans la retirer. La voix étant prioritaire, je ne retirerai que ce qui gêne dans le sommeil et provoque les ronflements. Le taux d'échec est de 20 %. » Après l'opération, les ronflements ont cessé, et la voix a gardé tout son charme et sa signature. Une reprise de poids pourrait, comme je le lui ai précisé, la faire ronfler de nouveau, ce qui peut dessécher le conduit vocal.

L. C., secrétaire, a une mauvaise haleine et une amygdalite qui la perturbe régulièrement.
Elle a également, me dit-elle, des difficultés à moduler sa voix. « Elle est souvent graillonnante, j'ai une angine presque tous les mois. Cela passe avec du Doliprane, mais tous les trois mois, il me faut un traitement d'anti-inflammatoires et d'antibiotiques. J'ai 29 ans, je suis vraiment gênée au quotidien par mon haleine. » Elle souffre d'une hypertrophie des amygdales avec de petites cavités où se met le caséum (de petits dépôts blanchâtres, durs et gênants par l'odeur et l'infection chroniques qu'ils entraînent). Après l'échec d'un traitement simple d'un mois par gargarisme de bromélaïne (extraits d'ananas à effet anti-inflammatoire) et comprimés de curcuma, je lui propose une intervention par laser pour diminuer radicalement la taille des amygdales. On « vaporise » les deux tiers des amygdales, le rayon laser permet de sublimer le tissu, les cellules passent de l'état solide à l'état gazeux et sont détruites. Cette technique ne provoque ni saignement ni douleur forte, et conserve à la bouche la défense immunitaire procurée par les amygdales, ce qui évite aux patients bronchites ou trachéites ultérieures. Par ailleurs, la récupération après une telle intervention est rapide : entre six et dix jours. Une ablation complète des amygdales aurait risqué, en modifiant la sensation perçue *via* les résonateurs, de faire perdre à la patiente ses repères vocaux, ses marques phonatoires. Elle aurait également pu, en cas de mauvaise cicatrice, provoquer une fibrose dans le pharynx et donc des difficultés vocales.

G. D., chanteuse professionnelle, souffre d'une perte de « fluidité » de la voix chantée.
Ce problème se manifeste chaque printemps et chaque automne. Elle en a l'habitude, c'est un problème d'allergie qu'elle connaît bien. Mais

cette fois, la gêne perdure depuis plus de deux mois. Ses sinus la font souffrir. Les exercices de chant spécifiques qu'elle pratique généralement dans ce cas n'ont pas fonctionné. Je lui demande des renseignements complémentaires. Elle m'indique qu'en pratiquant certaines vocalises à basse fréquence et selon un rythme précis, elle réussit à sentir une vibration dans ses sinus et un flot de fluide muqueux glisser de ses sinus vers l'avant ou l'arrière de son nez. Elle a en fait créé une résonance spécifique dans les parois osseuses de ses sinus maxillaires ; ces fréquences, comme la vibration d'une table sur laquelle il y a du sable, entraînent l'évacuation du fluide. Avec un traitement d'aérosol et de fluidifiant pour évacuer la rétention que le scanner avait fait apparaître, ce problème a pu être résolu. Mais ce n'est pas un traitement antiallergique qui convenait, car cette thérapie dessèche la gorge et les sinus (c'est le but recherché en cas de rhinite allergique) et, dans le cas de cette soprano, le problème était d'ordre infectieux.

Des sinus aux lèvres

Quand on chante ou quand on parle, quels sons se trouvent produits dans les sinus ? Dans les années 1990, j'ai eu l'idée que l'on pouvait placer un microphone miniature sur le bout du vidéofibroscope et l'introduire dans le sinus maxillaire. J'ai ainsi enregistré la voix parlée ou chantée de dix professionnels : cinq hommes et cinq femmes. Les cavités de leurs sinus étaient propres et remplies d'air à pression ambiante. En d'autres termes, leurs sinus étaient normaux. J'étais impatient d'écouter les sons qui résonnaient dans les sinus, d'élucider le mystère de leurs harmoniques. Allais-je entendre une voix normale, une voix étouffée ? Les ondes sonores sont enregistrées, elles sont analysées par un spectrographe. Résultat incroyable : aucun signal acoustique n'était visible, c'était le silence total chez les dix chanteurs ! La paroi osseuse de leurs sinus vibrait avec sa propre fréquence, on le sentait en posant le doigt sur leur joue, mais leur cavité était isolée et sans aucune tonalité audible ni enregistrable. J'étais si abasourdi que j'ai réitéré tous les tests. Que voulaient donc dire les professeurs de chant en exhortant régulièrement leurs élèves à « chanter vers l'avant », à « projeter leur voix vers le masque facial » ? Or cette recommandation n'est pas aussi paradoxale qu'il y paraît. Faites vibrer un diapason et posez-le sur votre bureau : le bureau se mettra à résonner.

Cette expérience m'a conduit à une autre exploration. Quels sons peut-on enregistrer au niveau des cordes vocales ? En faisant descendre le micro espion dans la gorge, en passant par la fosse nasale, jusqu'à 2 centimètres au-dessus des cordes vocales, j'ai écouté les mêmes chanteurs prononcer des voyelles. Résultat là encore étonnant : quelle que soit la voyelle, on entend toujours le même son *mmm*, un son de bouche fermée. Car c'est surtout la langue qui, en se déformant, en se contractant, crée les voyelles dont les lèvres produisent le phonème définitif. Elles constituent la frontière entre notre monde sonore interne et le monde externe des vibrations.

Si les singes ont des lèvres, on les voit à peine, elles sont tournées vers l'intérieur de la bouche. Les lèvres de l'espèce humaine sont uniques dans le monde animal. Elles sont tournées vers l'extérieur, galbées, voire gonflées et ourlées, et déterminantes, notamment, pour la prononciation finale des consonnes comme le *b*, le *f*, le *p* ou le *m*, qui demandent aux lèvres de se fermer. Les lèvres contribuent de manière décisive à la voix. Et les injections de silicone auxquelles la chirurgie plastique a recours pour donner aux femmes qui le souhaitent des lèvres pulpeuses et un look plus sensuel peuvent, si elles ne sont pas proprement administrées, altérer considérablement leur voix de chant.

Les dents ont également leur rôle dans la sortie de la voix et la formation de certains phonèmes, en particulier les consonnes.

L'hygiène dentaire est indispensable pour conserver une voix jeune, quitte à recourir à des solutions prothétiques comme les implants. Les imitateurs calent leurs lèvres entre leurs dents en une superbe mimique pour reproduire la voix parlée des personnes âgées.

Évaluer en un clin d'œil son instrument vocal

- **Le temps phonatoire maximal**

Testez simplement votre temps maximal de phonation. Par sa simplicité, cet outil clinique est fréquemment utilisé pour déterminer les mécanismes phonatoires et permet de tester la plus longue période pendant laquelle un patient peut garder la phonation d'une voyelle, typiquement le *a*. Sans pathologie du larynx, un homme adulte peut soutenir le son d'une voyelle entre 22 et 30 secondes et une femme entre 15 et 25 secondes. Cependant, le temps phonatoire maximal peut différer sensiblement d'un individu à l'autre. La normalité est de 12 à 25 secondes. Dans le cas de pathologie dysfonctionnelle laryngée, ce temps phonatoire peut être considérablement réduit.

- **L'indice de handicap vocal ou VHI (*voice handicap index*)**

Cet indice permet de tester sa propre empreinte vocale. Il consiste en un questionnaire que remplit le patient. Le VHI quantifie chez un patient les impacts physiques (P), fonctionnels (F) et émotionnels (E) d'un trouble vocal qui affecte sa qualité de vie. Établi en 1997 par Barbara Jacobson avec 30 items, le VHI a été simplifié en 10 items par Clark Rosen et Thomas Murry. Le VHI-10 constitue une excellente représentation du trouble de la voix. La réponse indique la fréquence avec laquelle a été vécue une expérience similaire (jamais = 0 ; presque jamais = 1 ; parfois = 2 ; presque toujours = 3 ; toujours = 4).

Test pour le VHI

On m'entend difficilement à cause de ma voix.	❑ 0	❑ 1	❑ 2	❑ 3	❑ 4
Je manque de souffle quand je parle.	❑ 0	❑ 1	❑ 2	❑ 3	❑ 4
On me comprend difficilement dans un milieu bruyant.	❑ 0	❑ 1	❑ 2	❑ 3	❑ 4
Le son de ma voix varie au cours de la journée.	❑ 0	❑ 1	❑ 2	❑ 3	❑ 4
Ma famille a du mal à m'entendre quand je l'appelle dans la maison.	❑ 0	❑ 1	❑ 2	❑ 3	❑ 4
Je téléphone moins souvent que je ne le voudrais.	❑ 0	❑ 1	❑ 2	❑ 3	❑ 4
Je suis tendu(e) quand je parle avec des tiers à cause de ma voix.	❑ 0	❑ 1	❑ 2	❑ 3	❑ 4
J'ai tendance à éviter les groupes à cause de ma voix.	❑ 0	❑ 1	❑ 2	❑ 3	❑ 4
Les gens semblent irrités par ma voix.	❑ 0	❑ 1	❑ 2	❑ 3	❑ 4
On me demande ce qui ne va pas avec ma voix.	❑ 0	❑ 1	❑ 2	❑ 3	❑ 4

CHAPITRE 4

De la voix aux mots

Un chemin sexué ?

Voix masculine, voix féminine

Vous êtes-vous déjà demandé comment vous percevez une voix ? comment vous écoutez une nouvelle voix ? comment vous l'analysez ? comment vous savez que c'est la voix d'une femme, d'un homme, d'un enfant ? qu'elle est jeune ou âgée ? Même si on ne comprend pas la langue, le sens des mots ou de la phrase, en quelques secondes, à partir d'indices multiples, on « sexualise », on catalogue une voix : agréable, déplaisante, froide, jeune, sensuelle… Ce premier jugement est inscrit dans notre inconscient, dans notre schéma vocal d'*Homo sapiens*.

Si de nombreuses études ont cherché à analyser la différence de la voix entre homme et femme, notre oreille en est l'expert en quelques secondes. Le juge impitoyable est le téléphone. La tonalité de la voix impose sa sexualité : plus grave chez l'homme que chez la femme. Le son fondamental est habituellement considéré comme l'élément essentiel de ce qui différencie ces deux voix. Chez la femme, la tonalité est comprise entre 180 et 220 hertz, chez l'homme entre 120 et 160 hertz. Si la signature vocale reste perceptible, le registre, lui, varie avec l'âge et devient plus grave sous l'effet de l'intoxication tabagique. On reconnaît facilement la voix de Simone Signoret ou de Jeanne Moreau. L'évolution de ces deux voix est flagrante. À 25 ans puis à 60 ans, on entend la marque du temps et de la cigarette sur leur timbre vocal. La seconde différence majeure entre voix de femme et voix d'homme est ce qu'on appelle les formants vocaliques : ils se forment dans la gorge, entre les cordes vocales et les lèvres, là où se créent les voyelles, les consonnes et les harmoniques de la voix.

Les différences entre les voix féminine et masculine s'établissent sur des paramètres acoustiques : la façon d'articuler les phonèmes (« croc » et « gros », par exemple, peuvent être prononcés de façon plus ou moins distincte) et le débit vocal : l'homme parle avec un rythme plus rapide, plus soutenu ; la femme avec un débit plus lent, moins marqué, les silences entre les mots existent. Notre perception de la voix est intimement liée à notre représentation de la femme et de l'homme. C'est notre cortex auditif qui décrypte la voix d'autrui. Il comporte deux régions différentes.

Le cortex auditif primaire est véritablement le sas des premières informations auditives ; situé à gauche, il est plus spécialisé dans les sons du langage et plus marqué chez l'homme que chez la femme. Le cortex auditif secondaire (lieu des aires associatives auditives) permet des traitements auditifs plus performants. C'est non seulement le lieu de la mémoire linguistique et sémantique du « dictionnaire » de plus de 200 000 mots que nous avons à disposition, mais aussi le lieu fondamental de l'entendement, de la compréhension du langage et du traitement de la musique. C'est donc là que se fait la reconnaissance sexuée de la voix. Dans 96 % des cas, quelques voyelles nous suffisent pour identifier le sexe du locuteur, et ce pourcentage passe à 99,8 % avec une douzaine de syllabes.

La voix est une association de vibrations d'abord, puis d'harmonie, de bruit, de résonance, de souffle et de notes. Dans un instrument, la caisse de résonance joue un rôle capital. À Munich, en 1840, le professeur Pélisson en a fait la démonstration. Ayant tendu une corde de violon entre deux clous, il fait glisser l'archet dessus : on n'entend pratiquement rien. Il approche alors très progressivement un violon dépourvu de cordes : le son est audible, mais médiocre. Il approche enfin un Stradivarius : le son est sublime. Le Stradivarius renforce admirablement la vibration des quatre cordes de l'instrument. La caisse de résonance, espace situé entre nos deux cordes vocales et nos lèvres, a un rôle primordial. Comment la vibration va-t-elle s'habiller dans ce trajet dont le véhicule est le souffle pour devenir voix ?

Les dimensions des résonateurs varient entre hommes et femmes, ce qui affecte les sons qu'ils ou elles produisent. Comment fonctionne précisément la formation acoustique de la voix ?

La fréquence fondamentale de la femme est plus aiguë que celle de l'homme, tout comme son timbre. Mais, fait capital, cette fréquence est une note propre à chaque individu et liée à la tonalité. Elle dépend uniquement de la longueur, de l'épaisseur et de la tension des cordes vocales. Cette note créée dans le larynx va « s'habiller ». C'est du sur-mesure. L'association des paramètres acoustiques sexualise le genre, dont la fréquence fondamentale et les harmoniques sont une caractéristique essentielle. Ainsi, une voix grave peut être très féminine et perçue comme une voix de femme. Si la voix de certaines fumeuses a du charme par son côté masculin, pourtant, le doute n'existe pas : c'est bien une voix de femme. Pourquoi ? C'est ce que nous allons voir maintenant.

L'acoustique de la voix et la balle de tennis

En juin 2018, en regardant une rétrospective des matches de tennis du tournoi de Roland-Garros entre Roger Federer et Rafael Nadal et en observant l'impact de la balle sur le tamis de la raquette, ce retour à pleine puissance ou amorti, grâce au ralenti diffusé au moment de la pause, j'ai enfin trouvé comment expliquer, de façon simple, ce que sont les harmoniques de la voix. La métaphore devenait évidente. L'extrême ralenti permettant de visualiser l'absorption de la force de rebondissement de la balle sur le tamis m'a éclairé sur la complexité des formants. Les formants nécessitent une source d'énergie pour transmettre la vibration originelle des cordes vocales dans les caisses de résonance. Ils vont naître à différents niveaux anatomiques de la chambre acoustique, qui est ni plus ni moins que la caisse de résonance elle-même. Chaque formant a donc sa propre vibration…

La source

Quand les cordes vocales vibrent 220 fois par seconde, cela donne la note *la*. Cette tonalité de base est appelée F_0 : c'est le son fondamental. Le souffle pulmonaire permet les vibrations : il se transforme en énergie acoustique. À la source de cette énergie, il y a la vibration des cordes vocales : c'est le générateur. L'énergie sonore arrive dans la caisse de résonance.

Il y a des différences extraordinaires dans la déclinaison du F_0 d'une langue à l'autre. Il semble que même la fréquence fondamentale de la voix soit en partie apprise. H. Traunmüller et A. Eriksson nous rapportent les valeurs moyennes du F_0 trouvées chez les deux sexes lors d'études portant sur plusieurs langues européennes et non européennes. Les dialectes chinois révèlent un F_0 moyen de 170 hertz chez les hommes et de 187 hertz chez les femmes. Concernant l'anglais, le F_0 moyen est plutôt de 127 et 186 hertz respectivement, tandis qu'une étude portant sur 60 Français signale des moyennes de 118 et de 207 hertz. Les différences anatomiques constatées n'expliquant pas ces différences de F_0, il faut les imputer à des comportements appris : épigénétique, neurones miroirs et apprentissage dès l'enfance sont les trois facteurs à prendre en compte. Dans sa réplique culte à Louis Jouvet, la voix reconnaissable entre toutes d'Arletty a des fréquences plus aiguës que la moyenne : « Atmosphère, atmosphère, est-ce que j'ai une gueule d'atmosphère ? »

Le filtre acoustique

Considérons que cette « masse » vibratoire, les vibrations, soit comme une balle de tennis. Elle est lancée par le souffle au-dessus des cordes vocales à F_0 et est propulsée dans la caisse de résonance. Elle rebondit sur les parois de cet espace aux multiples facettes. Chaque facette est une raquette qui renvoie la balle avec la puissance d'un Federer ou d'un Nadal. Soit elle l'amortit, soit elle la renvoie encore plus fort. La balle arrivant sur le pharynx va d'emblée rebondir très fort si le souffle est puissant, et encore plus fort si la paroi est très élastique (comme sur un trampoline ou le cordage de la raquette). Si le rebond est absorbé, elle repart plus faiblement qu'à son arrivée. Ce premier rebond, quelle que soit sa force de relance, est appelé F_1 ou le premier harmonique : F_1 est toujours le double du son fondamental F_0. Puis la balle continue son parcours, elle va de nouveau rebondir sur une autre facette du pharynx, située plus près des lèvres, et produire F_2 ($F_2 = F_1 + F_0$), le second harmonique. Certains harmoniques sont plus puissants que d'autres : cela dépend de la

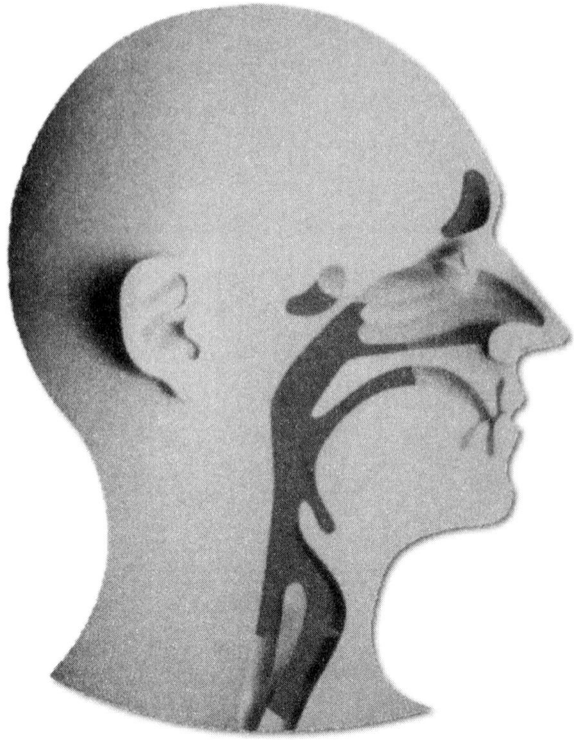

Filtre de la voix : espace acoustique.

force du rebondissement dans les différentes parties de la caisse de résonance. On peut avoir jusqu'à cinq harmoniques : c'est le cas des grands chanteurs d'opéra, de gospel, de soul ou de variété. Certains harmoniques sont renforcés, d'autres diminués : c'est le filtre acoustique. Pavarotti avait des cordes vocales et des harmoniques exceptionnels permettant des « rebondissements de la balle vibratoire », qui amplifiaient sa voix de façon impressionnante. Tout comme Maria Callas ou Renée Fleming, qui chantaient sans micro devant une salle de 4 000 personnes. Ce filtre est fonction des tessitures vocales et n'est pas le même chez l'homme et la femme.

La plasticité de la caisse de résonance est le résultat de différents éléments : os, cartilage, muscle, muqueuse, tissus à base de fibres et de vaisseaux. Composée du larynx, du pharynx, de la bouche, de l'articulé dentaire, des fosses nasales, elle a un aspect différent suivant le sexe. Le conduit vocal mesure 17 centimètres chez la femme et 20 centimètres chez l'homme. À géométrie variable, il permet une parfaite synchronisation pendant la parole et le chant. Mais aussi d'avaler sans faire de fausse route, de tousser, de pleurer, de crier, de siffler. Si la puissance de la voix augmente ou diminue en passant par la caisse de résonance, la bouche et les lèvres se comportent comme un véritable porte-voix. Entre un *a* chanté bouche grande ouverte avec le corps parfaitement vertical, et le même *a* bouche à peine entrouverte dans une position naturelle, la puissance du phonème diminue de moitié.

Les voyelles sont-elles sexuées ?

Le genre de la voix, la qualité du timbre et de la tonalité dépendent donc du binôme source-filtre. Nous savons également que l'homme possède une cavité pharyngo-laryngée plus large et plus longue que celle de la femme. Cette transformation anatomique intervient dès la puberté. Lorsque le conduit vocal se modifie, les harmoniques, F_1, F_2, F_3, etc., vont dépendre de la taille de cet espace acoustique. Si le rebond est fort, l'harmonique est puissant. Appelé formant, il nous permet de créer les voyelles. La différence entre le conduit vocal des hommes et celui des femmes explique les disparités notables entre les sexes en ce qui concerne la fréquence des formants, et donc le fait que les voyelles sont sexuées. Chez l'homme, le formant 1 sera plus éloigné du formant 2 car son conduit vocal est plus long. Une femme atteindra plus

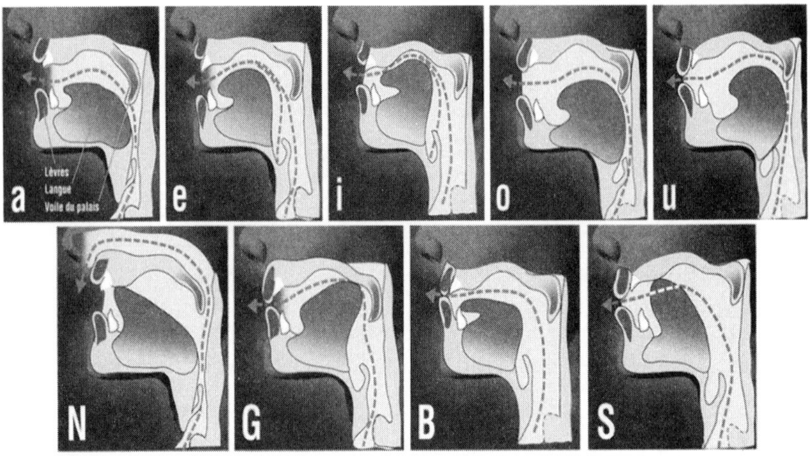

Les résonateurs forment la cathédrale de la voix.

facilement ses objectifs acoustiques et parlera plus distinctement, plus posément, avec une meilleure maîtrise.

Les voyelles sont produites par les trois formants principaux, dénommés vocaliques. Du plus bas au plus haut : le premier formant F_1 produit par le pharynx, le deuxième formant F_2 émis à la jonction pharynx-cavité orale, le seul à être modifié dans les voyelles nasales, et le troisième formant F_3 attribué à la cavité labio-dentaire. La fréquence des formants varie : F_1 peut s'étendre de 300 à 800 hertz, F_2 de 800 à 2 500 hertz. D'autres formants, secondaires pour la voix parlée, ont une importance capitale dans la voix chantée et sont indispensables pour chanter sans micro. Les quatrièmes formants F_4, les « formants chantés », qui peuvent atteindre 2 800 hertz chez les hommes et 3 200 hertz chez les femmes, permettent aux chanteurs de projeter leur voix au-delà de la fosse d'orchestre.

Sources sonores

L'harmonique pur

Le son provenant d'un diapason est pur. Le diapason a une structure composée d'un seul matériau, homogène et, élément capital, il ne possède pas de caisse de résonance. Pour l'entendre, on doit souvent le porter près du pavillon de l'oreille. Il est sans harmoniques. Nous entendons le son fondamental, le plus grave, comme F_0. Mais les sons périodiques émanent d'une vibration produite *via* une caisse de résonance : une guitare électronique, par exemple, produit des oscillations de pression d'air qui sont typiques de ce genre de son. Cette vibration se propage sous la forme d'une onde périodique complexe dotée d'harmoniques qui lui sont propres.

Le bruit

C'est une source chaotique, apériodique avec des vibrations anarchiques : l'antithèse du diapason. C'est par exemple le bruit produit par un papier de bonbon que l'on froisse, ou la friction d'une feuille. La turbulence de l'air produit des sons irréguliers. Le premier son perçu n'a aucun lien avec le suivant, il n'est pas prédictible. Les fréquences qui les composent et leur amplitude sont tout à fait aléatoires. Seule leur durée les différencie : des bruits qui nous gênent ne durent que quelques fractions de seconde pour un bruit de friction, une demi-seconde pour une explosion, trois quarts de seconde pour une porte qui claque.

En revanche les vibrations ne sont pas des bruits isolés. Même le tic-tac d'une montre, transmis aux parois de la boîte dans laquelle la montre est placée, produit des vibrations dans les parois de la boîte. Ces vibrations déplacent un volume d'air plus important que celui produit par les simples vibrations de la montre. Le son produit est plus fort que la source, il y a un effet de caisse de résonance. Les fréquences naturelles de résonance d'une petite boîte favorisent les composantes aiguës d'un son et les fréquences hautes, tandis que celles d'une boîte plus grande favoriseraient les fréquences basses. Toutefois, ce résonateur n'affecte pas d'une manière homogène toutes les fréquences qui composent un son. La vibration de chaque corps est influencée par sa structure, sa taille, sa forme, son volume et son matériau. La vibration produite par des corps différents lorsqu'une source sonore les excite ne peut donc pas être identique.

La résonance modifie seulement l'amplitude, l'intensité, la force et la fréquence des ondes sonores en fonction des caractéristiques de la réponse vibratoire spécifique au résonateur. On peut le constater sur un spectrogramme acoustique. Alors que le simple bruit se traduit sur l'écran par un point plus foncé et plus ou moins long, le son *a* se traduit par des courbes parfaitement harmonieuses. De ce fait, le « résonateur vocal » fonctionne comme un filtre acoustique qui, au passage, renforce ou atténue, met en relief ou aplatit l'onde sonore produite par les cordes vocales. Il donne ainsi une inflexion à la voix, il la module. En modifiant la distribution de l'énergie acoustique dans les différentes fréquences du spectre sonore, ce filtre acoustique est l'un des éléments fondamentaux du timbre vocal.

Relief, timbre vocal et vibrations : la voix se sexualise

Le « relief » décrit ci-dessus donne toute leur beauté à des voix « sexy ». Chez la femme, les aiguës forment le diamant de la voix et l'écrin qui renforce l'éclat de ce diamant est donné par les basses fréquences. Cette matrice rocheuse que sont les basses fréquences apporte leur chaleur aux voix d'Isabelle Boulay, de Diana Krall, de Whitney Houston, d'Édith Piaf. Chez l'homme, c'est tout le contraire : le diamant est formé par les basses fréquences, et l'écrin, renforcé par les harmoniques, est coloré par les hautes fréquences qui forment la matrice rocheuse et le relief des voix uniques de Ray Charles, de Charles Aznavour, de Florent Pagny ou de Frank Sinatra.

Si l'harmonique ainsi renforcé est un grave, le timbre sera d'autant plus grave, plus sombre. S'il s'agit d'un harmonique à fréquence aiguë, le timbre sera plus clair comme chez Véronique Sanson, Beyoncé, Céline Dion ou chez son incroyable imitatrice canadienne, artiste des artistes, Veronic Dicaire. Ainsi, le résonateur a une action de filtrage, diminuant certains harmoniques et en renforçant d'autres : le timbre est défini par l'audibilité des harmoniques, mais pas seulement. La voix associe les consonnes de la parole, aussi appelées bruits « expressifs », et les voyelles qui font chanter la voix.

Plus courtes, plus fines et plus légères que celles de l'homme, les cordes vocales de la femme vibrent à une fréquence presque deux fois plus rapide. Elles vibrent aussi différemment : les hommes parlent d'une voix plus rauque et les femmes d'une voix plus voilée. Les cordes vocales des hommes s'écartent puis se rejoignent complètement pendant le cycle de vibration, car elles sont plus épaisses. Chez les femmes, dans la majorité des cas, les cordes vocales, plus minces, ne se ferment pas complètement pendant la phonation, d'où cette voix voilée, belle mais plus fragile.

La puissance de la voix

La voix comporte deux paramètres physiques qui permettent son analyse objective : la fréquence, et l'intensité ou puissance, légèrement plus faible chez la femme. Cette puissance de la voix, on l'a vu, dépend non seulement de la résonance, mais de l'ouverture de la bouche et du souffle pulmonaire. Une conversation normale se situe entre 20 et 50 décibels, une discussion animée entre 50 et 65 décibels, des cris peuvent atteindre 120 décibels. Chez les non-professionnels de la voix, cela peut provoquer un hématome ou des nodules des cordes vocales. Mais la plupart des chanteurs d'opéra et de rock peuvent chanter à plus de 100 décibels sur de longues durées. L'échauffement de la voix, la technique et l'entraînement, comme pour un sportif, sont indispensables.

Lorsque les cavités de résonance, grâce à la plasticité du conduit vocal, sont parfaitement synchronisées avec le son laryngé, la puissance vocale est là, sans que l'on doive forcer sa voix. Pourtant l'exploitation de cette puissance vocale ne vient pas naturellement. Cet apprentissage comprend quatre éléments de base : 1. la première mémoire de la perception des déplacements des différentes parties du corps, ou proprioceptive ; 2. la mémoire des mouvements musculaires ; 3. la mémoire proprioceptive de la vibration de notre larynx ; 4. la mémoire cérébrale de chacun de ces éléments, indispensable à la synchronisation de cet « orchestre vocal ». Les chanteurs, mais aussi certains acteurs, avocats et professeurs, sont capables d'adapter leur performance comme ils le veulent. La voix professionnelle contrôle la hauteur du larynx pour gérer le passage d'une voix de tête à une voix de poitrine, pour monter dans les aigus ou descendre dans les graves, même si la mémorisation posturale pour le chant ou la voix de tribun va à l'encontre des réflexes musculaires naturels.

La complexité de sa voix, c'est l'empreinte de chacun. Elle est unique. La caisse de résonance de la voix permet la transformation de la source vibratoire depuis les cordes vocales jusqu'à nos lèvres avec une plasticité remarquable. L'acoustique de notre voix est commandée par notre cerveau et nos émotions. Elle est sexuée, c'est indéniable. Mais nous ne sommes pas près de traduire son alchimie en algorithmes.

PARTIE II

MOMENTS DE VIE

CHAPITRE 5

La voix de nos hormones

Dès le IVᵉ siècle avant J.-C., Aristote a observé les effets de la castration sur le chant de l'oiseau. À la fin du IIᵉ siècle de notre ère, Galien, médecin à Pergame et à Rome, pour qui la médecine repose sur deux jambes, la raison et l'expérience, fut le premier à nommer et à décrire la glande thyroïde, si essentielle à la bonne santé des cordes vocales surtout chez la femme. Mais c'est Léonard de Vinci qui, dans *De humanis corporis fabrica* (1543), témoigne d'un intérêt remarquable pour les glandes endocrines. Le mot « hormone » vient du grec *hormein*, « stimuler, mettre en mouvement, exciter ». Comme la voix, les hormones voyagent dans notre corps et reflètent notre univers émotionnel et notre sensualité.

Qu'est-ce qu'une hormone ?

Les hormones sont des substances régulatrices, sécrétées par certains organes dont le rôle est d'orchestrer notre corps et nos émotions. L'endocrinologie étudie les relations entre deux cellules *via* la molécule hormonale. Ces relations peuvent obéir à trois modalités : 1. la molécule a un impact sur la cellule dans laquelle elle a été synthétisée, c'est le plus simple (action autocrine) ;

2. la molécule a un impact sur les cellules voisines de celle dans laquelle elle a été synthétisée (action paracrine) ; 3. la molécule pénètre dans le système vasculaire artériel, elle est emportée par le flux sanguin et stimule une réaction dans un organe cible (action endocrine) – c'est ainsi que l'hypophyse, par exemple, une glande située à la base du cerveau, va stimuler l'ovaire. Chaque hormone joue un rôle dans notre corps. Toute activité hormonale requiert un organe ou des cellules cibles, dotés de récepteurs spécifiques. Même si l'activité hormonale est en soi de courte durée, elle peut avoir des conséquences irréversibles.

L'hypothalamus et l'hypophyse

Placés sous les deux hémisphères cérébraux, ces médiateurs synthétisent les molécules messagères entre le système nerveux central et les glandes, et régissent notre vie comportementale. Ainsi, toute information traitée par eux peut entraîner une grande variété de réactions adaptées aux stimuli d'ordre physique et/ou psychologique. Il existe des organes endocriniens non glandulaires, notamment l'encéphale et l'hypothalamo-hypophyse, qui produisent entre autres des endorphines, des catécholamines, de la dopamine et des cytokines.

Les autres glandes endocrines

La glande pinéale, située au centre de l'encéphale à la jonction du tronc cérébral et du cervelet, sécrète la mélatonine. Elle se comporte comme une horloge biologique et est notamment impliquée dans la programmation du sommeil, la régulation de la pression artérielle et la reproduction saisonnière. La thyroïde, située à l'avant de la trachée, en bas du cou, sécrète les hormones thyroïdiennes. Situées à l'arrière de la glande thyroïde,

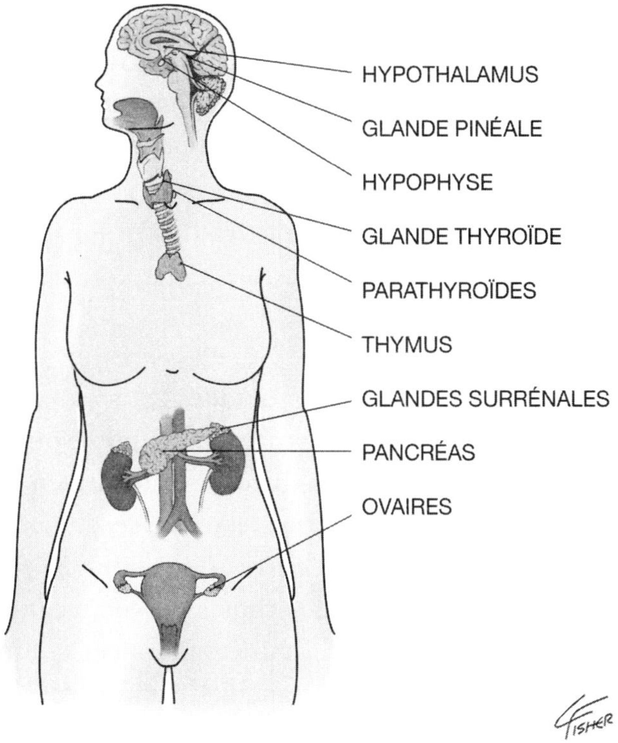

Le système endocrinien de la femme.

les quatre glandes de la parathyroïde produisent la parathormone (PTH).

Les deux glandes surrénales, situées comme l'indique leur nom au-dessus de chaque rein, comprennent le cortex surrénal (partie externe de la glande) et la médullo-surrénale (partie interne). Le cortex surrénal sécrète les corticoïdes, les glucocorticoïdes et les androgènes ; la médullo-surrénale, les catécholamines (l'adrénaline et la noradrénaline) et la dopamine.

Dans la partie supérieure du thorax, à l'arrière du sternum, le thymus produit la thymine. Tandis que le pancréas, situé dans l'abdomen, sécrète le glucagon et l'insuline.

Enfin, les glandes sexuelles. Chez l'homme, les testicules sécrètent des androgènes et 25 % de la production journalière de 17b-œstradiol (le reste étant dérivé de la conversion d'androgènes testiculaires et surrénaux dans les tissus périphériques). Chez la femme, les ovaires produisent des œstrogènes, la progestérone et l'androgène déhydroépiandrostérone (DHEA).

Les neurotransmetteurs

Quelqu'un chante, vous l'entendez, les sons et la mélodie envahissent vos tympans, vos osselets, puis votre cochlée. Ensuite, ces données pénètrent votre cerveau par le nerf auditif. Une fois convertie, l'information est relayée d'un neurone à un autre jusqu'aux régions du cerveau qui traitent les données audio et juxtaposent le sens des choses et leur reconnaissance. À l'intérieur des neurones, les données prennent la forme d'un signal électrique, mais pour franchir le minuscule seuil qui sépare deux neurones (la synapse), les données se transforment en signal chimique. Les molécules dédiées au franchissement de l'espace synaptique sont des neurotransmetteurs. Qu'elles soient synthétisées ou simplement stockées dans les neurones, les hormones synaptiques sont relâchées pour stimuler une réaction sur l'organe cible.

Caractères hormonaux des différents neurotransmetteurs

La dopamine, hormone du désir	Énergie physique et cérébrale. Libido de la récompense et orgasme. Mouvement (un excès de dopamine produit des tics répétitifs). Mémoire, attention, apprentissage.

La dopamine, hormone du désir	Comportement et cognition (motivation, punition, récompense). Sommeil. Humeur. Inhibition de la production de prolactine. Augmentation sous l'effet de la testostérone et des œstrogènes. La cocaïne et les amphétamines augmentent le taux de dopamine, amplifiant la sensation de plaisir et la dépendance.
La sérotonine, hormone du plaisir	Produite dans le cerveau, les intestins (80 %) et les plaquettes sanguines. Inhibe l'appétit et la digestion. Mémoire. Vasoconstriction. Équilibre émotionnel. Sommeil et repos. Son déficit entraîne la dépression, l'anxiété, et une voix basse. Un taux bas augmente le désir sexuel. Un taux élevé incite à la dominance. L'ecstasy (MDMA) et le LSD produisent une hausse massive de sérotonine.
L'acétylcholine	Rapidité de la transmission nerveuse. Rapidité mentale. Faculté d'apprentissage. Stimule la vigilance et la concentration. Vasodilatateur. Lutte contre le vieillissement (augmente la lucidité).
L'acide gamma-aminobutyrique (GABA)	Effet relaxant, réduction de l'anxiété, sérénité. Alcool, cannabis et tranquillisants stimulent le GABA dans le cerveau.

L'histamine	Augmente les réactions allergiques. Joue sur les émotions, le comportement. Régule le cycle sommeil/veille. Induit la libération de l'adrénaline. Un taux élevé d'histamine favorise les tendances obsessionnelles compulsives. Un taux bas peut contribuer à un manque de libido et à la fatigue, et produire des intolérances médicamenteuses. Un taux bas peut contribuer à un manque de libido et à la fatigue, et produire des intolérances médicamenteuses.

Les désordres hormonaux : une longue histoire

Inhibitions de l'hypothalamus

Ses sécrétions doivent avant tout s'adapter à notre environnement, mais des facteurs internes peuvent les dérégler. Le trac, par exemple, peut influencer la voix de différentes manières. La vasoconstriction induite par l'adrénaline peut causer une perte de timbre vocal. L'inhibition de la sécrétion de FSH et de LH, qui peut ensuite se traduire par une absence de règles (aménorrhée), peut paradoxalement libérer la voix sous l'effet des endorphines délivrées par l'hypothalamus.

Dysfonctionnement de la glande pinéale

Le rôle de cette glande consiste principalement à organiser nos rythmes biologiques en sécrétant de la mélatonine, hormone dont la production est sous l'influence du cerveau. Notre horloge interne est synchronisée avec la rétine : la mélatonine est synthétisée entre 23 heures et 5 heures du matin. Elle a un effet sur la qualité de la voix et sur tous les muscles striés de notre corps par son impact sur le système nerveux central à différentes heures du jour et de la nuit, comme le savent bien les professionnels de la voix soumis au décalage horaire.

Dérèglements de la thyroïde

L'innervation de cette glande est affectée par les systèmes nerveux sympathique et parasympathique. Les fibres nerveuses adrénergiques et sympathiques émanent des ganglions cervicaux supérieurs situés près du rachis cervical. Les fibres parasympathiques proviennent des ganglions jugulaires (veine située dans le cou). Les fibres cholinergiques et adrénergiques se trouvent autour des vaisseaux sanguins et s'infiltrent dans la glande elle-même. Cette correspondance entre la glande, les vaisseaux thyroïdiens qui la pénètrent et les systèmes sympathique et parasympathique explique son impact direct sur la production des hormones thyroïdiennes lors d'un événement émotionnel. J'ai pu constater chez mes patientes l'apparition et la disparition d'une inflammation thyroïdienne en période de stress, et sa présence dans la plupart des syndromes prémenstruels.

L'*hyperthyroïdisme* (souvent la maladie de Basedow) est très fréquent chez la femme. Il a pour conséquence une voix éraillée, sèche, rauque avec peu d'harmoniques, tremblante. Ces désordres de la voix sont principalement dus à l'hyperexcitation musculaire causée par des taux élevés de thyroxine. Les cordes vocales sont hypervascularisées et hyperactives. Le reflux pharyngo-laryngé est associé à une hypermotilité gastrique, une toux chronique et une dysphonie.

L'*hypothyroïdisme*, dysfonctionnement inverse dans la production de thyroxine, peut être congénital et entraîner, s'il n'est pas traité, un rétrécissement du larynx. L'audition est diminuée, la parole lente et hésitante, les mouvements sont maladroits. Les muscles laryngés sont raides, les cordes vocales peu mobiles, réduisant le temps maximal de phonation et entraînant parfois des difficultés à parler. L'épithélium est sec, avec un œdème de la muqueuse. La voix est fatiguée et confinée aux basses fréquences.

Syndrome de Cushing

C'est un syndrome complexe, conséquence d'un excès de cortisol. Si la cause en est parfois rattachée à une production excessive d'ACTH due à un adénome de l'hypophyse, c'est hélas souvent un effet secondaire d'un traitement par cortisone administrée sur une longue période. Il se manifeste notamment par une carence en potassium, de l'hypertension, une tendance à l'obésité, une répartition anormale des graisses (visage bouffi), une perte de force musculaire dans les extrémités et, chez les femmes, une menstruation irrégulière. La voix est affaiblie et perd ses aigus.

Excès d'androgènes chez la femme

Il est fréquent dans le syndrome des ovaires polykystiques, qui peut affecter la femme entre 19 et 40 ans, et s'accompagne souvent de raclements de gorge et d'une voix plus grave. Le larynx se contracte, la fermeture des cordes vocales est incomplète et les vibrations sont insuffisantes pour être efficaces. L'excès d'androgènes peut aussi être associé à une aménorrhée ou à une menstruation insuffisante qui se manifeste communément à l'adolescence. La masculinisation de la voix en est une conséquence très fréquente et parfois gênante. Cette masculinisation peut également provenir d'une hypersécrétion des hormones surrénaliennes, qui entraîne un excès des androgènes et donc une testostérone produite par les parois ovariennes avec des signes d'hyperandrogénie (voix grave, hyperpilosité).

Hormones sexuelles : la voix sous influence

Voix et hormones : deux mots qui se heurtent, se rencontrent et s'harmonisent. Le voyage de la voix se fait par les vibrations de notre vie, tandis que les hormones voyagent dans notre corps et impriment notre sensualité. L'alchimie de ces deux mondes, les hormones et la voix, forme notre univers émotionnel. Ce don précieux qu'est la voix est le miroir de notre sexualité.

Pourquoi la puberté change-t-elle tellement la voix d'un homme ? Pourquoi la voix d'une femme se modifie-t-elle durant son cycle menstruel ? Comment ses vibrations peuvent-elles évoluer à la ménopause sans casser la voix ? Pour répondre à ces questions, il faut tenter de comprendre l'impact des hormones. Leur influence dépend de notre horloge interne, la chronobiologie de notre être, du rythme de notre vie et de notre évolution.

Le genre de notre voix est-il le même que notre sexe génétique ? Est-il déterminé par nos chromosomes XY ou XX, ou par des hormones comme les œstrogènes et la progestérone (chez la femme) et comme les androgènes (chez la femme et chez l'homme) ? Notre voix est sexuelle. Les hormones thyroïdiennes, les hormones de croissance ou l'insuline jouent aussi leur rôle.

La première fonction des glandes sexuelles est évidemment la reproduction, par la formation régulière de sperme chez l'homme et la préservation de ses ovules chez la femme. En effet, les ovules ne se forment pas, ils sont là dès la naissance. L'ovule de cette jeune fille remonte à l'époque où elle-même était un fœtus dans l'utérus de sa mère. En un mot, la femme possède à sa naissance, dans ses ovaires, tout le patrimoine génétique, venant de sa propre mère, de l'ovule qui sera fertilisé. Ce patrimoine génétique, venant de sa mère, elle va à son tour le transmettre à sa fille. Ainsi, la fille issue de cet ovule a le patrimoine de sa grand-mère. Cette information est capitale : en d'autres termes, cela veut dire que la jeune fille reçoit l'information léguée de sa grand-mère. Cette information se révélera importante lorsque nous aborderons l'influence épigénétique (p. 114 et 219). Chez les filles, si le nombre d'ovocytes ou ovules est prédéterminé dès la naissance, tous ne produiront pas pour autant des follicules (un follicule ovarien est un agrégat de cellules sphérique dans les ovaires qui contient l'ovocyte. Lors de l'ovulation, le follicule s'ouvre, et le libère). À 5 mois, le fœtus féminin possède 5 à 7 millions de follicules, à la naissance, 2 millions, à la puberté 300 000 à 400 000. À la ménopause (vers 50 ans), on retrouve 15 000 follicules et moins de 1 000 après la ménopause, vers 55 ans. Le rôle du follicule est primordial : après l'ovulation, il produit de la progestérone sécrétée pendant quatorze jours lors de la deuxième moitié du cycle.

Les glandes sexuelles ont une seconde fonction : la synthèse des hormones sexuelles – les androgènes chez l'homme (avec une très petite dose d'œstrogènes) et, chez la femme, les œstrogènes puis la progestérone pendant une quarantaine d'années (avec des androgènes dont le taux est faible mais la présence nécessaire).

Les hormones sexuelles interviennent dans nos vies de manière significative, par le biais de facteurs physiques et psychologiques, tels que notre énergie, nos émotions, notre libido et notre créativité. Elles régulent de façon considérable la biologie, la physiologie et le corps de la femme.

La métamorphose vocale de la puberté

Le pilote de notre puissant dispositif hormonal se met en action à la puberté. Trois maîtres la dirigent : le cerveau, l'hypophyse et l'hypothalamus. Leur fonction provoque des sécrétions hormonales. À la puberté, nous sommes conduits à des fréquences vocales déterminées par notre sexe. Nos caractères sexuels secondaires se développent. L'axe hypothalamus-hypophyse et sa réponse testiculaire ou ovarienne déterminent la sexualité physique, psychique et émotionnelle de l'individu. Chez les femmes, le timbre de la voix, dû à la sécrétion d'œstrogènes et de progestérone, est surtout lié à l'absence relative de testostérone. La fréquence fondamentale d'une voix de femme est plus basse d'une tierce que celle d'une voix d'enfant, alors que celle d'une voix d'homme est plus basse d'une octave, sous l'effet des androgènes. La capacité pulmonaire, l'appareil cardio-vasculaire, le niveau d'hémoglobine et la masse musculaire striée augmentent aussi de manière très significative chez l'homme.

Une voix de garçon ne demeurera féminine, angélique, asexuée que si l'enfant est castré avant la puberté. Dans le cas contraire, cela n'exercera aucune influence sur sa voix, qui restera masculine à cause des sécrétions importantes de testostérone survenues à ce stade de sa vie, sécrétions qui ont un impact définitif et irréversible sur les muscles et les cartilages de notre corps. Chez un garçon qui est devenu un homme, une voix de fausset qui ne parvient pas à se stabiliser doit être traitée. Cela produit un anachronisme entre l'apparente jeunesse de la voix et l'apparence physique de l'homme. La difficile harmonisation entre la voix et l'apparence physique est l'un des obstacles les plus délicats de la puberté, la voix étant considérée comme la projection de la personnalité. L'orthophonie peut aider l'adolescent qui a du mal à trouver sa voix d'adulte, à contrôler son expiration, lors de l'expression vocale propre au larynx, à la source (au niveau des cordes vocales). Trouver sa voix d'adulte, pour un adolescent, peut prendre jusqu'à cinq ans.

Chez l'homme, une voix de tête et une voix de poitrine bien définies apparaissent après la puberté. Ces deux techniques vocales mettent en jeu les ligaments et les muscles situés entre les cartilages thyroïde et cricoïde, beaucoup plus développés que chez la femme. Ces muscles permettent d'élever le larynx et de prendre une voix aiguë en le contractant. La calcification préalable de la pomme d'Adam facilite énormément cette mobilité laryngée. Le larynx étant plus grand et plus galbé chez l'homme que chez la femme, cela favorise un allongement significatif de ses cordes vocales et lui permet de chanter plus naturellement dans les deux registres.

Le processus de la puberté féminine est moins « mouvementé », c'est une évolution et non une révolution. Le cartilage thyroïde et la membrane crico-thyroïdienne se modifient à peine. Les cordes vocales ne s'allongent que légèrement, seule augmente leur masse musculaire. Si une troisième couche épithéliale de la corde vocale se forme, elle est fine et souple. De petites cellules glandulaires sont principalement sous l'influence des hormones féminines. Elles permettent de conserver les cordes vocales lubrifiées et cette lubrification peut varier pendant le cycle menstruel. Les cycles menstruels apparaissent et deviennent progressivement plus réguliers. Au bout de quelques mois, la voix se découvre avec de nouveaux harmoniques aigus et graves. La périodicité des sécrétions hormonales de la femme a une influence notable sur sa voix.

Les trois principales hormones sexuelles

• LES ŒSTROGÈNES

Chez la femme, ils sont indispensables pour que la progestérone fasse de l'effet. Ils ont une action hypertrophique et proliférative sur les muqueuses. Ils réduisent la desquamation des couches superficielles de l'endomètre et, de façon moins importante, de l'épithélium des cordes vocales. Le degré d'acidophilie cytoplasmique et de pycnose nucléaire, qui peut être observé sur les frottis cervicaux gynécologiques et les frottis des cordes vocales, est une mesure de cet effet. Ils provoquent la différenciation et la maturation complète des cellules et n'ont aucune incidence sur les muscles striés. Leurs conséquences pour le tissu cérébral sont bien connues : les œstrogènes peuvent, entre autres choses, aider à réduire les risques de maladie d'Alzheimer.

Les fonctions et effets des œstrogènes sont les suivants :

- aider à la croissance et au développement des organes féminins ;
- aider à maintenir le niveau d'acidité du vagin ;
- protéger contre les infections ;
- travailler avec la progestérone pour aider à la desquamation de l'endomètre (la muqueuse qui recouvre l'utérus) dans la deuxième phase du cycle menstruel ;
- maintenir l'approvisionnement en calcium des os ;
- aider à maintenir la santé des parois des vaisseaux sanguins ;
- réduire le cholestérol sanguin ;
- promouvoir le développement des caractères sexuels secondaires (par exemple les seins et les mamelons) ;
- influencer la forme du corps à la puberté (pour les femmes, des hanches plus amples et des épaules plus étroites, pour

les hommes, la tendance à accumuler de la graisse sur les hanches et les cuisses) ;
– augmenter l'élasticité de la peau, en promouvant la performance de l'hormone collagène ;
– influencer la croissance de poils corporels (les femmes auront moins de poils sur le corps mais plus de cheveux que les hommes) ;
– faire cesser la croissance des os des bras et des jambes (les femmes, en général, sont plus petites que les hommes).

Jusqu'à la ménopause, l'œstradiol, produit par les ovaires, est la principale source d'œstrogènes chez la femme. L'autre source d'œstrogènes est l'œstrone. Dans les tissus adipeux, les androgènes sont convertis en œstrone. À la ménopause, les androgènes proviennent surtout de la glande surrénale. Les femmes dotées d'un taux plus élevé de tissus adipeux produisent plus d'œstrone (si bien qu'elles tolèrent mieux la ménopause).

• LA PROGESTÉRONE

Comme son nom l'indique, elle prépare la gestation. Elle n'est présente que chez les femmes adultes dotées de cycles ovulatoires. La progestérone ne peut agir que si les œstrogènes ont activé son gène récepteur. Il s'agit là du seul cas connu d'harmonie hormonale dans l'organisme humain. La progestérone accélère la desquamation des couches superficielles de l'endomètre et, de façon moins importante, de l'épithélium des cordes vocales. On observe un degré de basophilie cytoplasmique sans pycnose nucléaire dans les couches superficielles de l'endomètre et, de façon moins importante, dans l'épithélium des cordes vocales.

Nous verrons qu'il y a un effet cyclique de type menstruel sur l'épithélium des cordes vocales. De plus, il est possible d'observer un assèchement de la muqueuse, avec une réduction des sécrétions de l'épithélium glandulaire. La progestérone a aussi un effet diurétique par son action sur le métabolisme du sodium, contrairement à celui de l'aldostérone. Les œstrogènes augmentent la perméabilité capillaire et permettent le passage de fluides intracapillaires vers l'espace interstitiel, alors que la progestérone diminue la perméabilité capillaire, bloquant le fluide extracellulaire hors des capillaires et provoquant la congestion des tissus. Cette congestion est plutôt apparente dans les seins, les tissus abdominaux bas et les tissus pelviens, ainsi que les cordes vocales, où elle entraîne la dysphonie prémenstruelle.

La progestérone a les fonctions et effets suivants :

- aider à préparer le corps à la fertilisation et à mener à bien une grossesse ;
- promouvoir la grossesse et la prolactine pendant la lactation ;
- conjointement avec les œstrogènes, aider à la desquamation de l'endomètre dans la seconde phase du cycle menstruel ;
- aider à réguler la menstruation ;
- changer le mucus produit par les glandes dans le col de l'utérus pour le rendre plus épais et acide, protégeant ainsi une potentielle grossesse des infections ;
- aider au développement des glandes des seins ;
- augmenter la rétention d'eau et de sel, qui sont la cause de seins douloureux et du gain de poids ;
- améliorer le système immunitaire ;
- relaxer certains muscles du corps (le ventre, l'utérus, les tubes utérins) ;
- augmenter la production de sébum, provoquant une peau plus grasse ;
- augmenter la température corporelle ;
- affecter l'humeur, provoquant une irritabilité accrue, notamment avant la menstruation.

Chez la femme, il semblerait que chaque hormone individuelle suive son propre schéma, en augmentant ou chutant à différents stades du cycle. Ensemble, elles produisent néanmoins une suite d'événements prévisible. Un ovule (parmi plusieurs centaines de milliers dans chaque ovaire) atteint la maturité et est libéré de l'ovaire pour commencer sa descente dans les trompes utérines puis dans l'utérus. Si cet ovule n'est pas fertilisé, les taux d'œstrogènes et de progestérone produits par les ovaires commencent à chuter. Sans le soutien de ces hormones, le revêtement de l'utérus, qui est rempli de sang, se desquame, provoquant la menstruation.

Un ratio équilibré œstrogènes/progestérone (E/P) est essentiel, mais il est trop élevé chez un tiers des femmes (légers excès temporaires d'œstrogènes et légère déficience en progestérone). Cela pourrait expliquer pourquoi les femmes qui fument développent bien plus souvent des œdèmes dans l'espace de la corde vocale sous l'épithélium (espace de Reincke) que les hommes, et aussi pourquoi ce problème diminue considérablement à la ménopause.

• LES ANDROGÈNES

Chez l'homme, la testostérone sécrétée par les testicules est la principale hormone sexuelle. Elle est responsable de la croissance de la masse musculaire, de la maturation des organes génitaux masculins et des caractères sexuels secondaires, de l'achèvement de la croissance, du développement du sperme et de la puissance de la libido. Une déficience en testostérone peut être immédiatement identifiée par une libido diminuée, une dysfonction érectile et des testicules qui rétrécissent. D'autres signes sont les bouffées de chaleur, la perte d'énergie, l'humeur déprimée, le manque de concentration, l'insomnie et la perte de force. La dihydrotestostérone (DHT) joue surtout un rôle dans la formation et la maturation des organes génitaux masculins. Chez l'homme adulte, un manque de DHT peut entraîner l'infertilité.

Chez la femme, les androgènes sont sécrétés principalement par le cortex surrénal et formés comme des dérivés de l'aldostérone, mais ils sont aussi sécrétés par la thèque interne des follicules (situés dans l'ovaire) et du hile ovarien (centre de l'ovaire). Les androgènes entraînent une augmentation de la libido. Ils ont une action masculinisante lorsque la concentration de testostérone est supérieure à 150 µg/dl. Au niveau de la peau, ces androgènes provoquent de l'acné, de la séborrhée et de l'hirsutisme. Au niveau des muqueuses, ils entraînent une perte d'hydratation accompagnée d'une réduction des sécrétions glandulaires. Au niveau des muscles, ils engendrent l'hypertrophie des muscles striés, accompagnée de la réduction de cellules adipeuses dans les muscles squelettiques et de la masse adipeuse dans tout le corps.

Les androgènes ont pour fonction et comme effet :

- augmenter la libido ;
- stimuler la croissance des poils pubiens, faciaux et des aisselles ;
- exacerber l'humeur ;
- augmenter la densité de certains os spécifiques (par exemple l'os de la hanche).

Une cible hormonale, le larynx

Les hormones jouent un rôle d'intermédiaire entre notre cerveau et nos divers organes. Quel est leur impact sur le larynx ?

Au fin fond de la forêt qui entoure les châteaux de la Loire, près de Chambord, un cerf brame. Nous sommes à la période de fin septembre-début octobre, la saison du rut pour le cerf ; son cri est sa marque de mâle. Il se veut agressif pour attirer la femelle, la séduire. Ce cri devient une arme pour intimider ses semblables et s'affirmer en mâle dominant. Son brame est très grave, très vigoureux et vibre intensément. Ce message sonore n'est pas le seul. Il s'accompagne d'une série de signaux apparentés : l'animal racle le sol avec ses bois, signal visuel, et marque son territoire avec de l'urine et du sperme, signaux olfactifs. Si on pouvait l'observer à travers les branches, on remarquerait son cou engorgé et ses testicules enflés, symptomatiques d'une sécrétion renouvelée de testostérone. Cette hormone mâle développe les muscles de son larynx, donne plus de puissance à son cri et confirme son rang. L'influence significative des androgènes sur son empreinte vocale, sur la puissance et les fréquences de son brame a sans l'ombre d'un doute déclenché l'apparition des caractères sexuels secondaires.

Les effets endocriniens sur les structures du larynx ont de nombreux dénominateurs communs. L'action des œstrogènes et de la progestérone produit des changements dans les espaces extravasculaires et modifie les sécrétions glandulaires. La progestérone modifie la vitesse de la transmission nerveuse, tandis que les androgènes provoquent une hypertrophie des muscles striés, ainsi que la calcification des cartilages. Ils influencent également l'angle du cartilage thyroïdien pour le « V » antérieur et l'épaisseur de l'épithélium des cordes vocales.

La voix a-t-elle un sexe ? Si l'élément constant est son sexe chromosomique : XY pour les hommes, XX pour les femmes, si elle semble innée, elle change, elle est façonnée par l'épigénétique, par les épreuves de la vie, par le monde émotionnel qui marque de son empreinte notre existence.

CHAPITRE 6

Le cycle hormonal

Orchestration et dysharmonies

Entre le moment où elle atteint la puberté et la postménopause, les fluctuations hormonales rythment la vie de la femme au gré des cycles menstruels. Les symptômes qui peuvent apparaître avant les règles (ou syndrome prémenstruel) s'observent chez nombre d'entre elles. De quelle façon affectent-ils la performance vocale, en particulier chez les chanteuses classiques et les enseignantes, au cours de leur existence ? Quels types de traitements hormonaux et de médecine alternative peut-on recommander ?

Le cycle menstruel de la voix

Le cycle menstruel (du latin *menstruus*, « mensuel », formé sur *mensis*, « mois ») dure vingt-huit jours et le premier survient pendant l'adolescence. Il est contrôlé par le cerveau et déclenché par deux hormones lutéinisante et folliculo-stimulante de la glande hypophysaire, la FSH et la LH, qui, relâchées dans le système sanguin, agissent directement sur les ovaires pour stimuler la sécrétion d'œstrogènes et de progestérone, et qui mettent en œuvre le processus cyclique. Le cycle lunaire, orchestré par l'axe hypothalamus-hypophyse, régira les quarante années suivantes. Les organes génitaux sont entrés dans leur phase active. Chaque cycle s'accompagne d'un impact physique, mécanique et ovarien, ainsi que moléculaire, hormonal et chimique, qui a des répercussions sur l'organisme tout entier. Chaque hormone est responsable de l'aboutissement de certaines activités du corps féminin. Les œstrogènes accélèrent le métabolisme, augmentent les réserves de graisse, réduisent la masse musculaire, intensifient le désir sexuel et promeuvent la croissance et la formation de l'utérus. Une déficience en œstrogènes peut entraîner une menstruation irrégulière, une aménorrhée, un manque de désir sexuel. La prise de poids au niveau de la taille et les symptômes prémenstruels prononcés sont liés à des anomalies du taux d'œstrogènes. La déficience en progestérone se caractérise principalement par des règles abondantes et irrégulières.

Le cycle menstruel présente deux phases distinctes : une phase folliculaire entre le premier et le quatorzième jour du cycle, lors de laquelle seuls les œstrogènes sont présents – il n'y a pas de progestérone –, et une phase lutéale entre le quinzième et le vingt-huitième jour du cycle, pendant laquelle sont sécrétés à la fois les œstrogènes et, du fait de l'ovulation qui a lieu le quatorzième jour, la progestérone. La progestérone ne peut cependant agir – et ceci est crucial – que si les œstrogènes ont préalablement préparé le terrain et informé les récepteurs des organes cibles. La chute brutale de production d'œstrogènes et de progestérone provoque les règles, qui marquent le premier jour d'un nouveau cycle.

Les hormones, telles que les hormones thyroïdiennes et surtout les œstrogènes, les androgènes et la progestérone, affectent la voix de la femme, on l'a vu, si bien qu'une déficience de ces hormones affecte aussi cette voix. Les cellules des organes génitaux et de la membrane muqueuse des cordes vocales sont-elles différentes ?

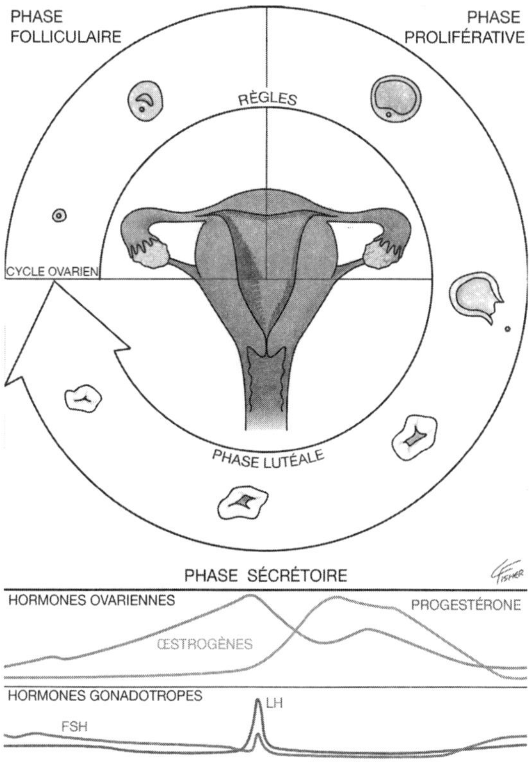

Le cycle hormonal de la femme.

J'ai confirmé des conclusions objectives distinctes en 1986 et en 1999, en effectuant des études comparatives de frottis des cordes vocales et du col de l'utérus le même jour du cycle menstruel. Cela faisait longtemps que cette correspondance était hypothétique. Les résultats se sont révélés exceptionnels : dans les deux cas, l'aspect cellulaire était identique. Le parallélisme est impressionnant, à en tromper les anatomopathologistes et les cytologistes. Étant donné qu'ils ont le même type de membrane muqueuse, il était logique qu'ils subissent le même impact cyclique. Désormais, les preuves scientifiques l'ont démontré : la voix change durant le cycle menstruel.

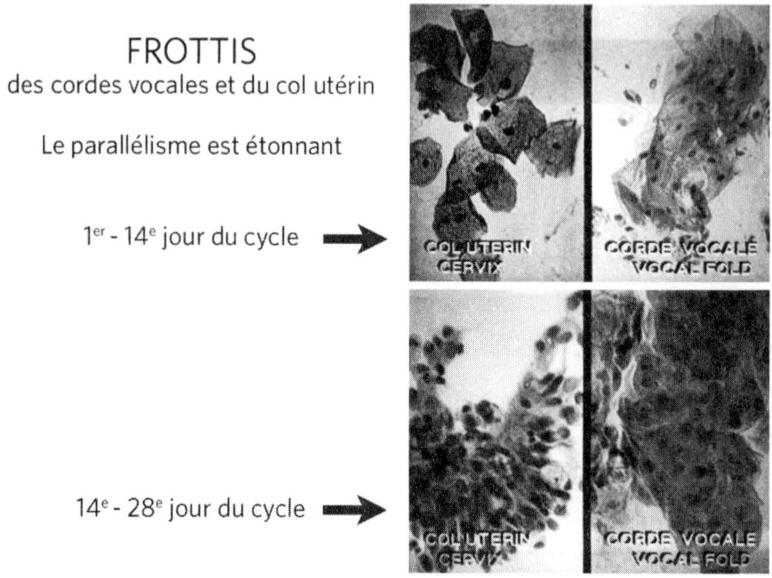

Le cycle reproductif féminin.

En 2008, Christiane Völter et son équipe ont découvert des récepteurs hormonaux d'œstrogènes et d'androgènes sur les cordes vocales, mais pas de récepteurs de progestérone. Les œstrogènes affectent le métabolisme du calcium : les structures osseuse et cartilagineuse de notre larynx augmentent et maintiennent la masse osseuse globale. Les œstrogènes améliorent également la perméabilité des vaisseaux sanguins et des capillaires, présents en très grand nombre dans les cordes vocales, augmentant ainsi l'oxygénation. Ils ont un effet antagonique avec les androgènes.

Quant à la progestérone, elle entraîne la desquamation des cellules présentes sur la surface de la membrane muqueuse des cordes vocales. Elle épaissit les sécrétions de la glande située au-dessus et en dessous, provoquant, dans 33 % des cas que nous avons étudiés, une sécheresse du larynx, le besoin de se racler la gorge, moins d'agilité au chant et un registre moins ample pendant les quatre jours précédant les règles. Si la voix est forcée pendant cette phase, des nodules et/ou des hématomes sous-épithéliaux peuvent se former. La progestérone entraîne aussi un léger déclin du tonus musculaire des cordes vocales et diminue la perméabilité de leurs capillaires. Cela augmente le fluide extravasculaire et peut causer un œdème des cordes vocales, qui restent parfois gonflées pendant la semaine précédant les règles. Chez les fumeuses, cet œdème est souvent important sur les cordes vocales, qui paraissent boudinées, bombées – le tabac augmentant au contraire la perméabilité des capillaires et réduisant de façon spectaculaire le « chemin de retour » du fluide extravasculaire, qui est ainsi bloqué pendant cette phase menstruelle.

C'est à cause des œstrogènes que le fluide intravasculaire est transféré vers les espaces extravasculaires des tissus environnants. Puis, lorsque la progestérone est sécrétée, le fluide interstitiel sera bien distribué si l'équilibre entre les deux hormones est satisfaisant. L'œdème des cordes vocales sera alors minime. Si, à l'inverse, ce n'est pas le cas, la progestérone empêchera le retour du fluide interstitiel vers les vaisseaux, entraînant la formation d'un œdème. Dans ce cas, la progestérone ferme la porte des capillaires et les empêche de drainer les tissus. Les contraceptifs monophasiques oraux permettent d'éviter l'exacerbation de ce phénomène. Ce déséquilibre entre les œstrogènes et la progestérone conduit à la formation cyclique d'un œdème pendant la dernière phase du cycle menstruel, causé par l'accumulation de fluide interstitiel sur les cordes vocales. Un processus similaire provoque le gonflement des jambes avant les règles.

Mes recherches sur le cycle menstruel de l'épithélium des cordes vocales ont attiré l'attention non seulement des gynécologues et des endocrinologues, mais aussi des laryngologistes. Elles sont même allées plus loin : j'ai observé, avec mes confrères et consœurs, divers changements dans l'apparence et le comportement des femmes au cours du cycle menstruel, particulièrement en comparant leur période fertile avec d'autres moments du cycle. Les femmes qui ont des cycles naturels prennent un plus grand soin de leur apparence, consomment moins de calories et dépensent plus d'argent en produits de beauté dans cette période ; leur libido augmente alors. Leur odeur corporelle, qui se modifie au cours du cycle, peut paraître plus attirante pendant l'ovulation. Et leur voix est sensuelle et charmeuse de façon tout à fait naturelle. Ces changements sont causés par les fluctuations du taux de leurs hormones sexuelles.

S. R. Newman et ses collègues ont trouvé des récepteurs d'hormones sexuelles sur les cordes vocales et ont démontré qu'il existe un lien entre le taux d'hormones et les vibrations de la voix. Les caractéristiques acoustiques révèlent-elles la fertilité ? La plupart des chercheurs se sont concentrés sur la fréquence fondamentale de la phonation (F_0), perçue comme étant la tonalité de la voix, mais, comme nous avons pu le constater, il ne s'agit là que d'un paramètre parmi d'autres. L'effet biomécanique des vibrations dépendant de la longueur, de l'épaisseur et de la flexibilité des cordes vocales, F_0 se base sur leur taux de vibrations. La fréquence fondamentale de la voix féminine est plus élevée que celle de la voix masculine, et les femmes possédant des voix plus aiguës sont perçues comme plus attirantes.

Dans une étude de P. I. Banai, des échantillons (phonation de voyelles) de la voix de 44 femmes dotées d'un cycle naturel ont été obtenus pendant les phases menstruelles, folliculaire tardive et lutéale, et chez plus de 20 utilisatrices de contraceptifs hormonaux pendant des phases équivalentes du cycle. Les résultats montrent que le ton minimal de la voix des femmes dotées d'un cycle naturel est plus élevé pendant la phase folliculaire tardive (ovulation à plus de quatorze jours) que pendant les autres phases.

Et que l'intensité de la voix atteint son niveau le plus bas pendant la phase lutéale. Par contraste, on ne constate aucun changement de voix pendant le cycle chez les utilisatrices de contraceptifs hormonaux.

Cette étude présente en outre l'intérêt de mettre l'accent sur l'importance des hormones naturelles et artificielles : on note une différence entre le ton minimal des utilisatrices de contraceptifs hormonaux et celui des femmes dotées d'un cycle naturel, lequel souligne la voix plus féminine, avec plus d'harmoniques dans la vibration vocale. L'absence de différences entre les groupes pendant la phase lutéale est peut-être due à la similarité de leurs profils hormonaux à ce stade. La phase lutéale se caractérise par l'augmentation des niveaux de progestérone dans les cycles naturels et, de la même façon, les utilisatrices de contraceptifs hormonaux étudiées ont recours à des pilules ou à des patchs présentant une plus grande concentration de progestérone synthétique que d'œstrogènes. Ce résultat suggère une qualité vocale inférieure possiblement liée à la progestérone, du fait de la baisse de sécrétion des cellules glandulaires et d'une sécheresse accrue des tissus. Un niveau plus élevé de progestérone a également un effet sur la rétention d'eau dans les tissus corporels, ce qui peut entraîner un gonflement des cordes vocales et des problèmes dans leurs mouvements.

Le syndrome prémenstruel

Qu'est-ce que le syndrome prémenstruel (SPM) ? C'est un ensemble de manifestations physiques, cognitives et émotionnelles que ressentent un certain nombre de femmes, surtout à partir de la trentaine, dans les jours précédant leurs règles. Il est parfois difficile à définir car il varie beaucoup d'une femme à l'autre en intensité, en durée et dans ses manifestations. Il a donné lieu à une vaste littérature scientifique et à de nombreuses controverses. Plus de 150 symptômes lui ont été attribués, et pratiquement toutes les femmes en éprouvent quelques-uns.

Pendant de longues décennies, les médecins qui traitaient le SPM qualifiaient les femmes de névrosées et avaient l'habitude de dire à leurs patientes que tout cela était « dans leur tête ». En 1843, le docteur William Dewees, de l'Université de Pennsylvanie, a décrit le curieux syndrome des « mélancolies de la menstruation » : « L'utérus, croyait-il, exerce un pouvoir prépondérant sur tous les autres systèmes et les gouverne avec une emprise qui est tout aussi imaginative qu'efficace. [...] il crée, exalte ou modifie les maladies, dans chaque partie de notre corps. » Dewees associait du reste par erreur l'utérus, et non les ovaires, à de telles mélancolies... Il y a moins d'un siècle, le SPM sévère était traité comme un trouble mental à l'aide d'antidépresseurs, d'électrochocs ou d'une électro-convulsivo-thérapie ; dans certains cas extrêmes, les ovaires et l'utérus de la femme pouvaient même lui être retirés ! Et en 1948, le docteur Erle Henriksen, à Johns Hopkins, faisait encore référence à la tension prémenstruelle comme au « syndrome de la sorcière ».

Les symptômes du SPM incluent dépression, anxiété, irritabilité, fatigue, insomnie, augmentation de l'appétit et sentiment d'être dépassée par les événements. On observe aussi parfois des ballonnements abdominaux, des crampes, des seins douloureux, une prise de poids passagère et des douleurs musculaires et articulaires. Il existe en outre une réelle modification périmenstruelle chez la femme (au moment et dans la période des règles). Le SPM peut faire partie d'un syndrome de douleurs et d'inconfort cyclique périmenstruel, caractérisé par une dysménorrhée (règles douloureuses) et des douleurs pelviennes.

Grille pour l'anamnèse des patientes atteintes de symptômes périmenstruels

Antécédents médicaux	Trouble alimentaire dans la jeunesse. Maladie cardio-vasculaire, troubles thrombo-emboliques, hypertension. Maladie du foie/de la vésicule biliaire. Diabète. Maladie du sein. Maladie thyroïdienne ou autres maladies endocriniennes. Utilisation présente ou passée d'hormones. Soins médicaux actuels.
Histoire sexuelle	Modification du désir sexuel. Potentiel orgasmique. Lubrification. Dyspareunie (douleur lors du rapport sexuel).
Antécédents familiaux	Cancers du système gynécologique. Diabète. Maladie cardio-vasculaire. Ostéoporose.
Histoire reproductive et menstruelle	Hystérectomie avec ou sans ovariectomie. Raccourcissement/allongement du cycle menstruel. Modification de la menstruation, du cycle menstruel. Saignements entre les règles.
Se renseigner sur la contraception si sexuellement actives avec une histoire des symptômes périmenstruels	À noter sur leur agenda (calendrier) : 1. Quels symptômes sont les plus sévères ou pénibles ? 2. Des symptômes au cours du cycle menstruel ? 3. Y a-t-il quelque chose qui soulage ou aggrave les symptômes ?

4. Événements au moment du début ou de l'exacerbation des symptômes ?
5. Changements saisonniers des symptômes ?

Absentéisme au travail ou productivité de travail réduite ?

Autres effets négatifs ou positifs des symptômes ?

Autres formes de traitement déjà essayées ?

S'il existe des preuves cohérentes que le stress, les réponses à la pression, le burn-out, une histoire d'abus sexuels et le dirigisme culturel sont déterminants dans la gravité du syndrome prémenstruel, nous avons également vu que l'adrénaline, le GABA et les autres neurotransmetteurs ont un impact hormonal significatif dans cette agression organique du corps. Le SPM est aujourd'hui, enfin, considéré comme un phénomène biologique. L'idée fondamentale est qu'il est extrêmement sensible aux changements hormonaux. Les femmes atteintes de SPM développent des symptômes qui n'affectent pas les autres femmes en période de menstruation. Diana Sanders a décrit trois catégories de syndrome prémenstruel.

- SPM LÉGER (70 % des femmes) :
  - bouleversement ou agitation ;
  - hostilité, dépression et colère ;
  - sentiment de perdre le contrôle, ainsi que tension et culpabilité ;
  - pleurs faciles, anxiété et nervosité ;
  - sautes d'humeur rapides, irritabilité, impatience, envie de solitude ;
  - reflux gastrique ;
  - voix parlée normale.

• SPM MOYEN (10-14 % des femmes) :
– rétention de fluides : par l'hydratation, la lubrification (besoin de s'éclaircir la gorge toutes les cinq minutes), les ballonnements et la rétention d'eau ;
– prise de poids, ballonnement ou gonflement abdominal ;
– seins douloureux ;
– gonflement des mains et des pieds ;
– problèmes de peau.
• SPM SÉVÈRE (4 % des femmes) :
– symptômes somatiques ;
– nausée ;
– désir réduit de bouger ;
– consommation réduite de nourriture ;
– douleurs abdominales ;
– maux de tête ;
– désir sexuel réduit ;
– maux et douleurs ;
– dépression, prostration ;
– état pouvant entraîner jusqu'à 5-6 jours d'inactivité.

L'étiologie du SPM est complexe. Un choc émotionnel, une dépression *post-partum* ou une intervention chirurgicale peuvent le provoquer. Parmi les facteurs externes pouvant le favoriser, on notera l'alimentation, la consommation d'alcool, le tabac et le manque d'activité physique. C'est pourquoi la thérapie hormonale, la thérapie de médecines alternatives, la modification de l'alimentation, les techniques de relaxation et l'augmentation de l'activité physique peuvent toutes jouer un rôle chez la femme souffrant régulièrement du STM. Plusieurs traitements pharmacologiques semblent être efficaces, selon le type de trouble hormonal identifié : l'environnement œstrogénique, se traduisant par des seins douloureux, une forte irritabilité et des reflux gastriques ; l'environnement progestéronique, signalé par de la dépression et la diminution des règles. Les deux types d'influence peuvent coexister. Mais c'est surtout le ratio œstrogène/progestérone (E/P) qui pourra fournir une indication thérapeutique intéressante.

Un syndrome prémenstruel peut être diagnostiqué si les symptômes apparaissent entre 6 et 8 jours avant le début de la menstruation et disparaissent pendant ou juste après les règles. Ils peuvent se manifester dès les premières règles ou après la première grossesse. Nous avons constaté un plus grand nombre de cas après l'abandon d'une pilule contraceptive orale. Le facteur clé pour expliquer ce syndrome est l'altération du rapport œstrogènes/progestérone, qui joue un rôle primordial sur la membrane des cellules et les parois capillaires. Les déficiences en vitamines et minéraux accentuant le déséquilibre hormonal, le manque de magnésium, de vitamine B6, de vitamine A et de fer, en particulier, contribuent aussi à cette pathologie.

Le syndrome vocal prémenstruel

Naguère, à la Scala de Milan, les cantatrices ne chantaient pas deux jours avant leurs règles et pendant la durée de celles-ci, tout en restant rémunérées au cours de cette période de repos tout relatif. Les journaux anciens montrent que depuis des siècles, dans les Opéras européens (à la Scala, mais aussi à Vienne et à Salzbourg), il était reconnu que le syndrome prémenstruel pouvait affecter fortement la voix, ce qui explique cette coutume. Peut-être conviendrait-il de reconsidérer cette pratique aujourd'hui abandonnée des « jours de grâce » pour les interprètes féminines…

Les professionnelles de la voix ne souffrent pas du syndrome prémenstruel de la même manière que le reste des femmes. Elles recourent intensément à leurs muscles abdominaux pour soutenir leur voix, si bien que le ballonnement, les reflux pharyngo-laryngés et les crampes prémenstruels les affectent fortement. Utilisant leur voix tous les jours, elles sont naturellement plus conscientes de leur santé vocale et peuvent remarquer des changements que des personnes sans formation vocale ne parviendraient pas à identifier dans leur propre voix. La voix parlée, en revanche, permet de surmonter les quelques troubles dans le rythme et la musicalité de la voix, sauf si l'activité impose de parler plus de quatre ou six heures par jour. Par ailleurs, il est à noter que les taux les plus élevés d'œstradiol et de progestérone se manifestent dans la seconde phase du cycle menstruel, et les altérations vocales n'ont lieu que pendant cette phase. Les cordes vocales sont également sensibles aux variations des taux de testostérone libre qui se produisent quand le rapport œstrogènes/progestérone est instable. Chez les femmes, la quantité de testostérone libre est indispensable, mais un taux trop élevé pourrait avoir des répercussions androgéniques et accentuer l'irrégularité des cordes vocales, non seulement pendant les phases prémenstruelles mais aussi folliculaires, dès l'ovulation, en milieu de cycle. Cela augmente la rétention de fluides dans les muqueuses de la corde vocale, elles sont « gonflées ». Cela explique pourquoi certaines chanteuses ont une voix plus faible le quatorzième jour de leur cycle juste au moment du changement d'imprégnation hormonale.

L'expérience que j'ai conduite entre 1992 et 1999, sur 100 patientes régulièrement réglées mais ne prenant pas de contraceptifs hormonaux, a expliqué pourquoi nombre de femmes sont affectées par cette faiblesse vocale avant leurs règles, que j'ai appelée le syndrome vocal prémenstruel (SVPM). On sait que les muqueuses vaginale et utérine se modifient tout au long du cycle menstruel : le frottis du col de l'utérus et du vagin confirme cette modification. Comment prouver dès lors que le cycle de la voix existe tout comme le cycle de l'appareil génital féminin ? La réponse était évidente : faire un frottis des cordes vocales et le comparer avec un frottis gynécologique effectué le même jour, au moins deux ou trois jours avant la menstruation ! Le professeur Jean de Brux, le « père du frottis cervical » en France, a accepté de participer à cette étude en dépit de ses 81 ans. Les résultats furent époustouflants. Le parallélisme des cellules était étonnant. J'ai complété cette étude chez la femme en ménopause, avec des résultats identiques.

Un tiers des femmes présentent un SVPM. Il se caractérise généralement par une fatigue vocale, une perte de puissance, une réduction du registre vocal, une diminution des harmoniques du fait de la sécheresse du conduit vocal et de la caisse de résonance, un enrouement et un manque de souplesse dans la voix. Chez une femme qui ne prend pas de contraceptifs hormonaux, le SVPM peut commencer vers le cinquième jour précédant l'apparition des règles et s'étendre jusqu'au troisième jour des règles, ce qui peut être extrêmement handicapant.

Les modifications vasculaires qui se produisent avant les règles augmentent la masse des cordes vocales, entraînant une baisse des fréquences fondamentales pendant cette période. Les hormones ovariennes ont, quant à elles, de nombreux effets sur la production de la voix. Elles peuvent aggraver certains troubles neuromoteurs dans la rapidité d'adaptation, de fermeture et d'ouverture des cordes vocales, et gêner leur contraction et leur tonicité. En outre, elles influencent les seuils sensoriels, perturbent l'élasticité musculaire et réduisent la flexibilité de l'articulation crico-aryténoïdienne. Des niveaux hormonaux fluctuants modifient ces paramètres. Il est donc plausible, dans certains cas, de constater une altération de la voix non seulement pendant la phase prémenstruelle, mais aussi pendant l'ovulation, où le changement hormonal est notable. Pour pouvoir conduire une analyse complète des effets hormonaux sur la phonation, il faudrait demander à toutes les femmes souffrant du SVPM des précisions sur l'état de leur voix à mi-cycle et pendant l'ovulation.

On l'aura compris, la période prémenstruelle n'est pas idéale pour une phono-chirurgie : les vaisseaux sanguins étant très fragiles alors, l'intubation endotrachéale peut provoquer une gêne postopératoire à cause de l'œdème laryngé préexistant, qui sera aggravé par l'intubation. En cas de SVPM, et si l'opération peut attendre, je prescris toujours un traitement préopératoire de deux mois, à base de minéraux, de vitamines et de médicaments antiœdème et antireflux, accompagné de quatre ou cinq séances d'orthophonie. Toute intervention sur les professionnelles de la voix implique que l'anesthésiste prenne grand soin de ne causer aucun traumatisme direct au conduit vocal pendant l'intubation. Pour une avocate, enseignante ou chanteuse devant subir une anesthésie générale, il sera impératif de l'informer de la situation.

Pendant la période prémenstruelle, les niveaux élevés d'acide gastrique aggravent souvent le reflux œsophagien, commun pendant cette phase. Ce reflux augmente la sécheresse des cordes vocales. S'y associe une réduction du tonus du muscle vocal avec un œdème et une dilatation veineuse des microvarices sur les cordes vocales. La voix se fatigue, perd de sa puissance, la tonalité s'abaisse, le timbre perd de sa couleur, de sa brillance. Une réduction de la mobilité, de l'agilité, de la coordination et des vibrations des muqueuses du larynx se produit : la vidéo à haute vitesse (4 000 images par seconde) révèle une insuffisance « chrono-cinétique » et des vibrations asymétriques. La spectrographie met en évidence la perte de quelques harmoniques et une voix plus métallique et rauque, un registre étroit avec perte des aigus, et la perturbation du pianissimo chez les chanteuses, mais les tons graves sont rarement affectés. Les signes ci-dessus sont souvent associés à d'autres signes bien connus du syndrome prémenstruel classique. C'est le syndrome vocal prémenstruel.

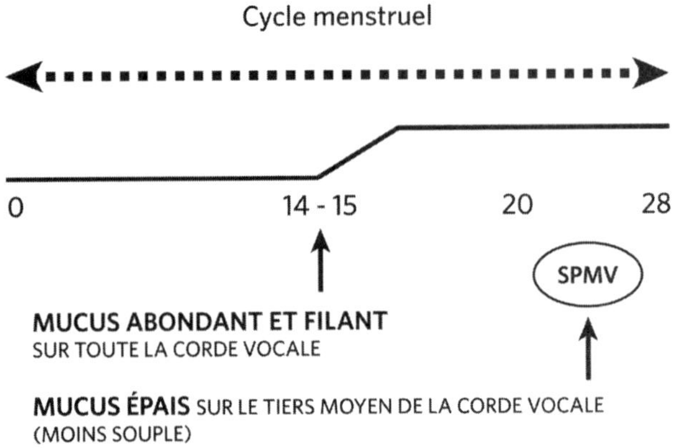

Le syndrome vocal prémenstruel (SVPM).

Le syndrome vocal prémenstruel peut se résumer comme suit :

- Une perte de tonus dans tous les muscles striés (les muscles vocaux, la musculature abdominale et les muscles intercostaux, entraînant la réduction de l'amplitude pulmonaire).
- La relaxation des muscles du cardia, provoquant des épisodes de reflux gastro-œsophagien. Le reflux gastrique peut causer une laryngite postérieure avec œdème du tiers postérieur des cordes vocales et une mobilité réduite des articulations crico-aryténoïdiennes œdémateuses.
- Un œdème sur les tissus interstitiels de la corde vocale ou l'espace de Reinke. Cet œdème est généralement réversible, mais moins chez les fumeuses qui, au bout de quelques années, développent un œdème définitif ou un pseudo-myxœdème entraînant une masculinisation de la voix causée par l'épaississement des cordes vocales. Cela peut survenir chez les femmes de plus de 35 ans, mais jamais après la ménopause. Une femme n'en ayant pas souffert avant la ménopause en souffrira rarement pendant et après.
- Une dilatation des microveines. De petites ruptures des capillaires provoquent un hématome qui peut compliquer la situation.

C'est pourquoi les professionnelles de la voix doivent s'abstenir de prendre de l'aspirine pendant cette période.

Le SVPM ou comment les hormones peuvent endommager la voix

Un vendredi d'automne vers 17 heures, j'ai reçu un appel téléphonique du théâtre du Châtelet me demandant d'examiner en urgence D. S., une soprano lyrique américaine au sommet de sa carrière, dotée d'une technique vocale exceptionnelle. Sa voix illuminait la scène. Le drame avait eu lieu pendant sa deuxième répétition du premier acte d'un opéra de Verdi, quinze jours avant la générale : elle ne parvenait plus à chanter. Je l'ai reçue accompagnée de son imprésario. « Je me meurs, docteur », me dit-elle, bouleversée. Cette professionnelle expérimentée, habituée à un haut niveau de stress dans son environnement de travail, était convaincue d'avoir perdu définitivement sa voix. Il ne pouvait s'agir de trac.

L'imprésario m'expliqua ce qui s'était passé. Pendant la répétition, D. S. s'était sentie fatiguée. Elle l'était d'ailleurs depuis quelques jours. Mais elle avait insisté pour participer aux répétitions, voulant faire connaissance avec l'orchestre. Tout se passait bien. Elle avait chanté pendant quelques minutes d'une voix normale, sans forcer. Puis, devant tenir une note élevée, elle avait ressenti une douleur violente sur le côté droit du cou. Elle avait fait la grimace mais avait continué à chanter ses répliques. Le ténor n'avait pas noté de problème particulier chez elle. Pendant la dizaine de secondes de repos forcé impliqué par le couplet du ténor, elle était parvenue à reprendre son souffle. Quand elle s'était remise à chanter, sa voix était plus grave. Son registre aigu avait disparu, son *pianissimo* s'était évaporé et le vibrato lui était impossible. Sa voix s'était en quelque sorte éteinte. J'ai demandé si elle pouvait parler. « Oui, dit-il, mais seulement tout bas. Et elle ne pouvait plus chanter. Nous avons interrompu les répétitions, et nous voici. » Elle a éclaté en sanglots. Je l'ai alors examinée.

Elle pointe son doigt vers son larynx pour indiquer l'endroit exact où s'est manifestée la douleur pendant son effort vocal. Le doigt indique la corde vocale droite. La palpation du cou est normale et ne révèle aucune sensibilité particulière. Mais l'examen vidéoscopique du larynx me fournit la clé. Si les cordes vocales bougent normalement, la corde droite présente une lésion à l'endroit exact où D. S. a ressenti une violente déchirure. Une poche de sang s'est formée sous l'épithélium de la corde vocale. C'est un hématome. L'examen stroboscopique du larynx montre que la corde vocale droite est rouge vif, engorgée de sang, mais que malgré tout elle vibre. Cela est capital. Elle n'est pas inerte, elle a gardé sa souplesse. Cependant elle ne peut ni s'allonger ni se raccourcir. Son contour a changé. L'équilibre fragile de cet instrument exceptionnel est endommagé. La voix n'est audible que sur un registre vocal pincé.

Que s'est-il passé ? Comment une chanteuse professionnelle dotée d'une parfaite maîtrise technique et d'un mode de vie irréprochable peut-elle être victime d'une lésion aussi regrettable ?

Afin de comprendre comment cet hématome est apparu, je dois me pencher sur le passé de la cantatrice. Outre mon vidéostroboscope laryngé, instrument un peu plus sophistiqué que la loupe de Sherlock Holmes, il me faut l'historique de l'incident pour pouvoir partir à la chasse aux indices. D. S., dans la quarantaine, ne prend pas la pilule. Ses règles sont normales. Toutefois, quatre à cinq jours avant ses règles, ses seins sont douloureux, ses jambes un peu lourdes, son pelvis est endolori et sa voix s'altère légèrement. Je lui demande d'être plus précise quant aux changements de sa voix. Elle me répond avec une précision parfaite : « Je perds 10 à 15 % de ma voix et je dois donc, pour être entendue au-dessus de l'orchestre, mieux contrôler ma respiration, accentuer la verticalité de mon corps et redresser mon pelvis plus que d'habitude sur scène afin de mieux contrôler la faiblesse de mon souffle et de mes cordes vocales.

– Et votre registre, comment est-il ? » Sa réponse confirme ce que je pressens. « Je perds entre un demi-ton et un ton dans les notes aiguës, mais mes registres graves sont encore très bien. Mon contrôle vocal est aussi affecté pendant cette période, je m'éclaircis souvent la gorge et je me sens fatiguée. C'est vrai que je dors moins bien et que je suis irritable. À la fin de la représentation, mon larynx est douloureux.

– Pouvez-vous m'expliquer exactement ce que vous voulez dire par votre contrôle vocal ?

– Par contrôle, je veux dire que je ressens le timbre de ma voix. Pendant cette période de mon cycle menstruel, la couleur de ma voix est un peu plus métallique, mon vibrato est un peu plus difficile à tenir. Le plus difficile est de faire un *pianissimo* sur certaines fréquences. Je n'ai quasiment aucun souci avec le *forte*. C'est passer d'un harmonique à l'autre qui me gêne. Et j'ai du mal à contrôler ma voix pleine.
– Dans quelle phase de votre cycle menstruel êtes-vous et dans combien de jours pensez-vous avoir vos règles ? » Pour moi, là était l'essentiel du problème. Elle répond en une seconde : « Oh, je le sais par cœur. Je fais très attention à cela, j'ai mon agenda où tout est noté. J'aurai mes règles dans deux ou trois jours.
– Avez-vous eu le temps de vous échauffer comme il faut avant les répétitions ? » Elle y réfléchit puis confirme mon intuition : « Non, j'étais déjà en retard. En plus l'air était sec à cause de l'air conditionné et de la poussière des couloirs. » Le coupable qui avait causé l'hémorragie de la corde vocale était pour ainsi dire débusqué.
Cette artiste chante généralement à 70 % de ses capacités. Pendant sa phase prémenstruelle, juste avant ses règles, elle chante à 90 % pour produire un timbre comparable. Mais, ce jour-là, d'autres éléments ont perturbé sa musicalité vocale. L'atmosphère asséchée. La fatigue. Elle avait mal dormi la nuit précédente.
L'examen m'a permis d'observer le secret de ses cordes vocales pendant les vocalisations. Outre l'hématome sur la corde vocale droite, facilement diagnostiqué, il y a aussi des microvarices sur la corde vocale gauche, signe de fragilité veineuse. La puissance du chant de cette soprano lyrique, poussé dans le registre aigu, a provoqué une rupture des microvarices de la corde vocale droite et causé un hématome. À ce moment du cycle, les vaisseaux étaient plus fragiles, l'humidification des cordes vocales était perturbée par la sécheresse de l'air. Mais l'accident était impossible à prédire. C'était le premier de sa carrière. Pendant des années, elle avait toujours veillé à s'échauffer avant de chanter, pour assouplir ses cordes vocales et oxygéner les muscles de son larynx. Ce jour-là, elle n'avait pas eu le temps de préparer son instrument laryngé : le surmenage avait eu raison de sa voix. À la grande déception de ses admirateurs, ses spectacles durent être annulés.

Le traitement fut simple : repos vocal strict et sprays phlébotoniques, minéraux et anti-inflammatoires. Deux semaines plus tard, tout était redevenu normal. J'ai recommandé à D. S. un traitement cyclique de dix jours tous les mois pendant au moins deux ans. Et un check-up régulier de ses cordes vocales, en particulier avant ses règles. L'impact de la progestérone à la fin de son cycle menstruel était en partie responsable de son problème vocal.

J'ai revu cette diva en 2011, à Philadelphie. La Voice Foundation lui remettait le Voice Education Research Award, saluant la qualité de son enseignement de l'art et de la technique du chant. Elle mène en effet de front depuis plusieurs années une carrière internationale et des *master class*. Son incident vocal n'a absolument pas compromis sa carrière. Au contraire, elle est sortie grandie de sa rencontre avec l'adversité, qui l'a sans doute amenée à être un remarquable professeur d'art lyrique.

Quel traitement proposer ?

Un traitement hormonal ne s'impose généralement pas pour le syndrome vocal prémenstruel. Dans les deux tiers des cas, les remèdes naturels sont efficaces et suffisants. On évite ainsi la fatigue vocale ou certaines conséquences vasculaires sans avoir besoin de recourir aux hormones de synthèse.

Les remèdes naturels

Compte tenu de ce que nous savons aujourd'hui de l'origine des symptômes du syndrome prémenstruel vocal sur le plan biologique et physiologique, des dysfonctions hormonales et des neurotransmetteurs (fluctuations de l'adrénaline, taux bas de sérotonine ou déficience en endorphines), il est évident qu'un traitement multifactoriel est approprié. La thérapie est un « menu » personnalisé, à la carte, individualisé au cas par cas. Une meilleure approche scientifique permet désormais des traitements peu agressifs. Les remèdes naturels comme les multivitamines et les minéraux – les vitamines A, B6, B5 et E et le magnésium, le cuivre, le phosphore, le fer, le calcium et le zinc – donnent de bons résultats cliniques. Il convient de les associer à une nutrition adaptée et si nécessaire à une thérapie vasculaire et à des médicaments antiœdème : bromélaïne issue de l'ananas, inhibiteurs de prostaglandines et acide méfénamique. Les traitements antireflux sont aussi de mise. Je prescris le régime suivant, à observer dix jours par mois – pendant les sept jours précédant les règles et les trois premiers jours de celles-ci – et à poursuivre sur dix ou douze mois : peu de champagne, de vin blanc ou rosé, peu voire pas de laitages, mais des protéines et des légumes, des fibres et de l'huile d'olive, du curcuma et du ginseng. Certains dérivés de la progestérone ne sont pas conseillés dans ce type de syndrome : leurs effets secondaires (possibles du fait de leurs métabolites androgéniques potentiels) pourraient masculiniser la voix.

Voix et contraception

Néanmoins, il arrive qu'un traitement hormonal s'impose et qu'il faille avoir recours à une contraception hormonale orale monophasique. Le travail d'équipe est alors indispensable entre le gynécologue, l'oto-rhino-laryngologiste et l'orthophoniste.

La pilule est contraceptive en empêchant le développement du follicule, de l'ovule, de l'ovulation, et supprime donc la sécrétion de progestérone ovarienne ainsi que la préparation de la muqueuse utérine destinée à permettre l'implantation de l'embryon. Elle maintient la viscosité de la muqueuse cervicale, compliquant l'accession du sperme au col de l'utérus et aux trompes. En stabilisant les taux hormonaux dans toutes les phases du cycle menstruel, elle améliore sa régularité et diminue la perte de sang et la dysménorrhée ; la température corporelle reste constante, il n'y a pas de douleurs pelviennes. Si elle peut ne pas être totalement dépourvue d'effets indésirables (céphalées, nausées, sensibilité mammaire accrue, changements de poids, modifications de la libido, humeur dépressive), ces éventuels désagréments s'atténuent au bout de quelques mois.

La pilule contraceptive orale a été autorisée à la vente à la fin des années 1960. Les premières générations de pilules, qui contenaient de la testostérone et des taux élevés d'androgènes, présentaient un risque d'endommager définitivement la voix et n'étaient donc pas recommandées aux chanteuses professionnelles. Ces substances peuvent en effet entraîner une masculinisation permanente de la voix altérant le timbre vocal et compromettant sa stabilité. Aujourd'hui, les contraceptifs oraux sont sans danger et peuvent améliorer la voix en limitant l'amplitude et la fréquence de ses perturbations. Parmi les femmes prenant la pilule en France actuellement, plus de 65 % ont entre 15 et 35 ans et 35 % entre 35 et 49 ans. Les bienfaits de cette prise à long terme sont donc connus, notamment une baisse de 50 à 30 % des cancers des ovaires et de l'endomètre et une incidence moindre des cas d'inflammation pelvienne aiguë ou chronique.

Il y a cependant des contre-indications. La pilule contraceptive est à proscrire absolument en cas de :

- hypertension (systolique > 160mmHg ou diastolique > 100mmHg) ;
- antécédents médicaux veineux, phlébites, jambes lourdes ;
- infarctus du myocarde, souffrance cardio-vasculaire ;
- accident vasculaire cérébral ;
- cancer du sein.

Les contre-indications relatives sont :

- pour les femmes de plus de 35 ans qui fument (> 10 cigarettes par jour) ;
- une hypertension adéquatement contrôlée ;

- hémicrânies, hypertension, diabète ;
- surpoids pendant la grossesse.

L'âge, la vie sexuelle, les antécédents médicaux, l'hygiène de vie doivent être pris en compte dans le choix de la contraception. La pilule œstroprogestative est une pilule qui contient deux hormones : un œstrogène et un progestatif. Le progestatif bloque l'ovulation et modifie l'endomètre, la glaire cervicale et les mucosités sur les cordes vocales.

L'expérience démontre que la combinaison d'œstrogènes et de progestatifs est la méthode de contraception hormonale la plus efficace, qu'elle soit administrée de manière monophasique, biphasique ou triphasique. Il faut bien distinguer ces trois types de contraception hormonale :

- dans les pilules monophasiques, tous les comprimés de la plaquette comportent la même dose journalière d'œstrogène et de progestatif pendant le cycle, ce qui élimine *ipso facto* les fluctuations hormonales ;
- la pilule biphasique présente seulement un progestatif dans la première partie puis un progestatif et de l'œstrogène augmenté en deuxième partie de plaquette ;
- la pilule triphasique est plus complexe, elle présente trois types de comprimés à prendre successivement dans le cycle.

Les pilules monophasiques sont les plus appropriées pour les professionnelles de la voix, surtout celles dont la voix est fortement sollicitée : la drospirénone (progestérone de synthèse) qu'elles contiennent a des propriétés antiandrogènes qui atténuent la rétention de fluides, réduisent les taux de testostérone libre et stabilisent et régularisent les phénomènes vibratoires des cordes vocales. Filipa M. B. Lã et son équipe ont confirmé que les femmes qui prenaient ce type de contraceptif hormonal monophasique jouissaient d'une qualité de voix meilleure que celles qui ne prenaient pas la pilule. La pilule contraceptive monophasique diminue aussi les symptômes menstruels non liés aux cordes vocales. En effet, il a été établi que les crampes abdominales dues au syndrome prémenstruel compromettent des techniques de respiration spécifiques aux chanteurs ; le port de la sangle abdominale permet ainsi une meilleure respiration diaphragmatique et des muscles intercostaux.

Les médicaments sur le marché diffèrent dans le dosage des hormones afin de convenir aux différentes conditions physiques des femmes. Ce point est crucial pour les professionnelles de la voix. La dose pertinente à prescrire dépend de facteurs multiples. Au minimum, un bilan médical annuel s'imposera pour écarter tout danger.

La période idéale pour opérer les cordes vocales

Parfois, il est indispensable d'opérer les cordes vocales pour des polypes, des nodules ou des œdèmes. Si la chirurgie a lieu pendant la période prémenstruelle, l'intubation endotrachéale peut provoquer une gêne postopératoire du fait de l'œdème laryngé que l'on voit à cette période du cycle menstruel. Cet œdème ou ces microvarices peuvent être aggravés par l'intubation. Les petits vaisseaux sanguins sont très fragiles pendant la période prémenstruelle. Bien évidemment, s'il y a urgence, la chirurgie s'impose quand même. Mais si l'urgence n'est pas avérée et que la patiente est dans cette phase du cycle, mieux vaut remettre l'intervention sur les cordes vocales à plus tard. En cas de syndrome vocal prémenstruel, je prescris toujours un traitement préopératoire de deux mois, à base de minéraux, de vitamines et de médicaments antiœdème et antireflux avec quatre à cinq séances d'orthophonie. Pour toute intervention sur des professionnelles de la voix – enseignante, avocate, secrétaire ou artiste – nécessitant une anesthésie générale, la patiente doit impérativement signaler à l'anesthésiste : « Ma voix est mon métier. » Celui-ci doit prendre grand soin de ne causer aucun traumatisme direct sur le conduit vocal pendant l'anesthésie générale. Cela va vous faire sourire, mais je demande à mes patientes professionnelles de la voix de coller un Post-it sur leur main ou sur leur front : « Attention à mes cordes vocales, je suis une professionnelle de la voix. »

CHAPITRE 7

Quarante ans de la vie d'une femme

La grossesse et la voix

La femme n'est-elle pas l'alcôve de l'odyssée de la vie ? La rencontre de l'ovule et du spermatozoïde n'est-elle pas le big bang de la création ? La vie qui émerge est l'éternel recommencement de notre espace-temps, une histoire déjà inscrite que l'avenir va façonner.

Porter la vie, privilège de la femme. Elle met en harmonie sa propre existence et celle qui va naître. La voix maternelle n'est-elle pas le premier signe vibratoire que perçoit le fœtus ? De la conception à la naissance, divers changements psychologiques, métaboliques et anatomiques surviennent dans le corps de la femme, entraînant une modification de sa voix. Au cours du premier trimestre de la grossesse, on note parfois des nausées, de la fatigue, une certaine irritabilité, mais la voix demeure correcte. Pendant le deuxième et le troisième trimestre, la voix peut se trouver modifiée. Au fil de la grossesse, la posture de la femme change, le mal de dos apparaît et la capacité pulmonaire décroît. Après le septième mois, la respiration est perturbée. À ce moment-là, le volume sanguin augmente de 50 % et les fluides corporels de 4 à 5 litres. La concentration de fluides corporels ou l'excès de mucus près des cordes vocales font que celles-ci vibrent à une cadence plus lente qu'auparavant, ce qui rend la voix plus basse. Elles deviennent douloureuses et le registre du chant en est modifié : la voix perd en hauteur, tout en gagnant dans les basses en contrepartie. Les œdèmes des cordes vocales gonflées sont également un effet direct de la grossesse, avec une incidence sur le registre des chanteuses, tout comme l'œdème généralisé qui peut atteindre les membres inférieurs, les seins et le visage : ce dernier devient alors bouffi, causant une gêne nasale qui aura pour conséquence de diminuer la résonance.

Par ailleurs, l'impact hormonal de la grossesse peut avoir des effets secondaires sur la voix et contribuer à son altération. Les modifications hormonales entraînent un relâchement des ligaments, ce qui peut altérer les mécanismes de support de la voix, au troisième trimestre notamment, et perturber les professionnelles. Si cela arrive, il ne faut surtout pas essayer de forcer sa voix. En outre, comme la place occupée par le fœtus est de plus en plus importante, la capacité de l'estomac de la mère se réduit, ce qui aggrave les régurgitations acides. Celles-ci causent une irritation laryngée altérant la voix, provoquant des brûlures d'estomac et de la toux, surtout lors de longs échanges verbaux. On peut recourir à de l'alginate pour traiter le reflux, mais en général, moins la mère prend de médicaments pendant la grossesse, mieux cela vaut pour elle et pour le fœtus. Les microvarices ou la laryngite inflammatoire qui peuvent apparaître pendant le troisième trimestre de la grossesse provoquent une dilatation des vaisseaux sanguins des cordes vocales. C'est pourquoi j'informe toutes mes patientes, quand elles désirent avoir un enfant, et si ce sont des professionnelles de la voix, des changements acoustiques qui pourront survenir pendant leur grossesse.

Trois cas étonnants

Il y a une vingtaine d'années, une chanteuse afro-américaine et française de renom est venue me consulter pour un syndrome prémenstruel vocal. Puis, quelque temps plus tard, elle est enceinte et me consulte tous les deux mois pour faire un bilan médical de sa voix. Au début de sa grossesse, elle n'a aucun des symptômes, ni nausée, ni mal de tête, ni douleur, usuels avant ses règles. Au troisième trimestre, sa voix reste claire et sa palette remarquable : elle conserve toute l'étendue de son registre, avec une voix ronde, enveloppée, chaleureuse. Je lui ai demandé si elle savait pourquoi sa voix demeurait normale pendant la grossesse. Je ne m'attendais pas à sa réponse : « Eh bien, docteur, c'est parce que je porte le bébé très bas, j'ai l'impression qu'il est sur mes genoux. Si je le portais plus haut, je ne pourrais pas inspirer profondément et maintenir mon timbre. Aujourd'hui il est en bonne place, juste sur mon pelvis, ce qui est relaxant. Mais si je l'avais porté plus haut, ma voix ne serait pas aussi bonne aujourd'hui. » Elle avait raison, tout n'est pas une question d'hormones ! Je regarde toujours comment les professionnelles de la voix portent leur bébé pendant leur grossesse, afin d'avoir un aperçu de la manière dont la qualité de leur voix va évoluer. Par ailleurs, cette chanteuse ne souffrit plus jamais de syndrome vocal prémenstruel après l'accouchement.

L'histoire de cette célèbre chanteuse canadienne est assez similaire. Il lui avait été difficile de tomber enceinte. Elle avait précédemment fait une fausse couche à la suite de perturbations hormonales survenues dans les dix premières semaines de sa grossesse. Un niveau peu élevé de progestérone, produite par les ovaires pendant la seconde moitié du cycle menstruel, est une cause habituelle de fausse couche, et c'est également l'hormone qui affecte le syndrome vocal prémenstruel dont elle souffrait. Après l'ovulation, le follicule se transforme en corps jaune (le *corpus luteum*) qui sécrète de la progestérone, et si les quantités adéquates n'en sont pas produites, l'utérus faillira à soutenir la grossesse, car la progestérone s'emploie à épaissir la paroi muqueuse utérine, essentielle à l'implantation et à la croissance de l'embryon. Cette hormone a également la responsabilité d'assurer une circulation sanguine adéquate dans la cavité utérine. Ma patiente prenait donc du Clomid.

Ce médicament bloque les œstrogènes et permet à l'hypothalamus et à la glande hypophysaire de relâcher la GnRH (l'hormone de libération des gonadotrophines) la FSH (l'hormone folliculo-stimulante) et la LH (l'hormone lutéinisante) qui avaient activé ses ovaires et permis sa grossesse. Elle porta son bébé bas dans le ventre et dut en conséquence repenser sa façon de respirer. Mais pour cette athlète de la voix, cela ne constitua pas un problème. Respirer profondément à partir de l'abdomen est typiquement considéré comme le moyen le plus efficace de chanter. Elle dut passer à la respiration de poitrine, qui est moins efficace, demande plus de travail et est plus fatigante. Le fœtus en croissance encombra ses poumons et son diaphragme. Ses cordes vocales gonflèrent et dès lors vibrèrent différemment, produisant une magnifique tonalité basse et une voix très chaude. Elle gardait une superbe intensité vocale et son registre s'était élargi. L'album enregistré pendant sa grossesse connut un énorme succès, et ses prestations scéniques pendant cette période furent remarquables. Elle a su, aidée de son coach vocal, repositionner sa voix, et retravailler la verticalité de sa posture et son rythme respiratoire.

Une troisième patiente, professeur de chant, s'était retrouvée enceinte après une fécondation *in vitro* (FIV). Elle eut finalement des jumeaux. Elle souffrait d'endométriose (une croissance anormale de la muqueuse utérine) avec un syndrome vocal prémenstruel très marqué de près de dix jours par mois. Elle avait dû arrêter de chanter dès le troisième mois de sa grossesse : sa voix était rauque et manquait fortement d'intensité, même si sa voix parlée demeurait correcte. Il existait trois raisons aux difficultés qu'elle avait : elle portait le bébé très haut, elle ne pouvait pas respirer correctement par le nez à cause d'allergies chroniques nasales, enfin elle présentait un environnement hormonal déséquilibré. Elle dut subir un traitement médical pendant six mois pour cause de reflux et d'allergies nasales. Six mois après son accouchement, sa voix revint à la normale et ses symptômes allergiques disparurent, tout comme son syndrome prémenstruel vocal.

Une chanteuse professionnelle peut chanter remarquablement bien jusqu'au septième mois de grossesse inclus. Les cordes vocales sont galbées et parfaitement lubrifiées. La qualité de la vibration s'améliore. Les hormones qui accompagnent la grossesse confèrent une chaleur particulière aux harmoniques de la voix, qui s'enrichit de fréquences graves, qui s'arrondit. Pour la majorité des femmes que j'ai examinées, on pourrait presque dire que la grossesse embellit la voix.

La voix à la ménopause

Y a-t-il une analogie entre le syndrome prémenstruel et la périménopause ? Au début des règles, la progestérone baisse brutalement comme à la ménopause. Mais si dans le premier cas cela ne dure qu'un ou deux jours, dans le second cette chute est définitive. Pour les problèmes vocaux, un traitement similaire s'impose, mais il n'est alors pas suffisant. Dans les deux cas, nous avons affaire à un manque de progestérone, associé lors de la ménopause à une déficience d'œstrogènes, ce qui semble indiquer la pertinence d'une thérapie hormonale. Trouver un ratio progestérone/œstrogènes efficace est-il l'enjeu thérapeutique ? Ne faut-il pas aussi traiter une insuffisance thyroïdienne ?

La période de périménopause

La périménopause marque la fin des années fécondes et se définit communément comme un déclin de la fonction ovarienne suscité par des changements dans les cycles reproductifs endocrinien et menstruel. Trois signes distinctifs l'indiquent : une différence de sept jours ou plus dans la longueur du cycle menstruel, un changement dans le volume ou la durée des règles et une aménorrhée d'au moins douze mois.

Le déclin de la fonction ovarienne est lié à une hausse du taux d'hormone follico-stimulante (FSH) et un taux élevé d'hormones lutéinisantes (LH). Compte tenu des changements importants entraînés par ce déclin dans le paysage hormonal, il n'est guère surprenant que cette période dans la vie d'une femme soit marquée par des changements – « climatériques » (bouffées de chaleur), de l'alimentation, du métabolisme, du sommeil, de l'humeur, de la sexualité, de la réponse immunitaire, de la fonction cognitive et de la voix. Les cycles menstruels deviennent irréguliers. L'anxiété, l'irritabilité, la fatigue inexpliquée et les réactions émotionnelles inappropriées sont fréquentes. Au bout de neuf à dix-huit mois, près de 35 % des femmes sont confrontées à une gorge sèche, un reflux gastrique, une sécheresse vaginale et des fluctuations de poids. L'ostéoporose et les changements cardio-pulmonaires apparaissent beaucoup plus tardivement (palpitations, hypertension artérielle ou essoufflement). L'impact de cette métamorphose sur la voix est imprévisible et il ne se perçoit parfois que quinze ans après les premiers symptômes de périménopause.

Le syndrome de la voix ménopausée

Il présente les signes cliniques suivants :

- À l'examen vocal dynamique, on note acoustiquement une légère perte de vitesse dans les staccatos aux extrémités de la gamme, ainsi qu'une perte d'intensité et de formants dans les notes hautes (à peine perceptible dans la voix parlée de tous les jours). Anatomiquement, les cordes vocales montrent une muqueuse plus mince et une amplitude vibratoire réduite.
- La cytologie des cordes vocales est consistante avec la cytologie cervicale et révèle une muqueuse qui s'atrophie, avec la présence de basophiles et une réduction des cellules glandulaires dans la muqueuse de la bande ventriculaire.
- On note une atrophie unilatérale ou bilatérale du muscle vocal.

• La muqueuse du pli vocal est plus mince, avec une réduction de l'amplitude durant la phonation, et une asymétrie des cordes est manifeste lors de la stroboscopie.
• La muqueuse perd son apparence perlée et blanche et devient terne. Des microvarices peuvent apparaître pendant la périménopause.
• Les articulations crico-aryténoïdes bougent normalement, mais cela change après 65 ans : les ligaments perdent de leur souplesse et l'arthrose peut s'installer si la chanteuse n'utilise pas sa voix.
• L'analyse du spectre acoustique de la voix montre une baisse de puissance de 20 à 30 % dans les voix parlée, projetée et chantée, ainsi qu'une gamme réduite et la perte de certaines fréquences.
• Chez les « athlètes » vocales, seuls deux ou trois tons sont parfois affectés. La perte de certains harmoniques fait que le timbre semble sans relief ni couleur et les voix parlée et chantée perdent de leur mélodie.

La ménopause est donc une sorte de séisme dans la carrière d'une chanteuse, ou d'une actrice. En 1995, M. J. Boulet et J. Oddens, ayant étudié des chanteuses âgées de 40 à 74 ans, ont publié que les deux tiers d'entre elles éprouvaient des altérations vocales. Les règles s'arrêtent, les follicules ne sont plus activés. Les œstrogènes n'existent plus qu'à très bas régime, la progestérone est hors jeu. Les ovaires, dépourvus de fonction reproductive, deviennent des glandes endocrines et ne sécrètent plus que des androgènes et des œstrogènes. Les glandes surrénales, qui produisent aussi des androgènes, fonctionnent encore. Les récepteurs des hormones sexuelles reçoivent donc plus d'androgènes qu'avant. Les conséquences ne se font pas attendre : la membrane muqueuse des cordes vocales s'épaissit, la voix est plus basse et plus masculine.

Le manque d'œstrogènes peut s'exprimer par un œdème de la corde vocale et affecter le relief de sa muqueuse, rendant la voix rocailleuse et causant une certaine fatigue vocale. Il a aussi un impact indirect sur les cordes vocales, à cause du manque de collagène nécessaire à leur souplesse. En outre, la fonction vocale est parfois compromise par une atrophie musculaire due au vieillissement et par l'amincissement de la muqueuse des cordes vocales. Tout cela provoque une sécheresse phonatoire. L'impact du vieillissement sur la puissance de la voix s'explique aussi par des capacités pulmonaires plus faibles.

L'orchestre des hormones recherche de nouveaux accords, une nouvelle synchronisation. Les récepteurs de certaines hormones s'inquiètent, un ordre nouveau arrive. Faut-il aider mère nature ?

Un traitement avec ou sans hormones ?

Aujourd'hui, la ménopause est un sujet de santé général, mais au ve siècle avant J.-C., elle n'existait pas ! La raison en est simple : l'espérance de vie moyenne était alors inférieure à 30 ans. Dans les années 1930, la ménopause a fait son entrée dans la vie de la femme. De nos jours, plus de 85 % des femmes atteignent l'âge de la ménopause, qui a lieu normalement entre 50 et 59 ans. Avec une espérance de vie de 84 ans en Europe, la grande majorité des femmes passent un tiers de leur vie avec un déficit d'œstrogènes et une absence de progestérone. Parfois, la baisse des taux d'œstrogènes engendre des changements vocaux avant la disparition des règles. Une thérapie de substitution d'œstrogènes sera efficace pour assurer la longévité de la voix, mais aussi pour éviter les effets secondaires dans cette phase.

Si, dans les années 1950, cette période de la vie de la femme était communément appelée le « changement de vie », avec un sous-entendu négatif, ce n'est plus du tout le cas de nos jours. Une meilleure compréhension de notre monde endocrinien a permis à la femme ménopausée de jouir quotidiennement d'une plus grande qualité de vie. La prise d'hormones de substitution peut retarder jusqu'à un âge avancé les conséquences désagréables de ce manque d'hormones sexuelles, épargnant ainsi aux femmes une expérience éprouvante qu'elles peinent à accepter sur le plan physique comme sur le plan mental.

LA THÉRAPIE DE SUBSTITUTION HORMONALE (TSH)

Il est prouvé que les œstrogènes, s'ils sont prescrits à faible dose et sur le long terme, aident à gérer les symptômes de la périménopause et prolongent le confort de la vie de la femme après la ménopause ; des données scientifiques récemment publiées soulignent une hausse du taux de morbidité chez les femmes qui arrêtent leur thérapie de substitution hormonale. La TSH joue aussi un rôle important en prévenant ou retardant l'ostéoporose, en réduisant les risques de maladie cardio-vasculaire, en évitant certaines maladies du système nerveux central, en empêchant le développement de problèmes cutanés typiques à cet âge et en maintenant la libido active. D'expérience, je dirais que plus d'un quart des femmes qui ont recours à la TSH devraient également suivre une thérapie hormonale thyroïdienne, car on note souvent fatigue et manque d'énergie à cette période.

Mais cette thérapie doit être ciblée au cas par cas. Chaque patiente est unique, chacune a des demandes spécifiques par rapport aux contraintes de sa carrière, et même si de nombreuses femmes peuvent bénéficier d'une TSH, il leur faudra absolument consulter un médecin expert dans ce domaine. Quand il n'y a pas de contre-indications et qu'il s'agit d'une ménopause naturelle, on associe de la progestérone aux œstrogènes afin d'éviter les effets néfastes qu'une œstrogénothérapie prolongée peut avoir sur l'utérus. Il existe différentes formes de TSH combinées selon le type de progestérone utilisé.

La recherche révèle, d'une part, que l'efficacité d'une TSH est influencée par la méthode d'administration et, d'autre part, qu'on aurait tort de limiter à un traitement curatif le rôle de cette thérapie, qui est aussi une mesure de prévention. Yezdan Firat et son équipe, par exemple, ont mesuré la perturbation de la fréquence fondamentale et celle de l'intensité de la voix et pu démontrer qu'après une administration endonasale d'œstrogènes, on observe une amélioration significative de la qualité de la voix supérieure à celle procurée par un traitement oral œstrogénique à base de pilules. Les actions bénéfiques des œstrogènes pour la qualité de la voix sont donc encourageantes pour une professionnelle de la voix aux prises avec la ménopause. Après une consultation approfondie avec un gynécologue-endocrinologue et un ORL spécialisé dans ce domaine, et au besoin un nutritionniste, elle sera en mesure de décider si une TSH correspond ou non à son cas. Des contrôles réguliers devront être effectués afin d'évaluer toutes les hormones, sexuelles et thyroïdiennes.

« MODIGLIANI » ET « RUBENS » : DEUX TYPES DE PROFILS FÉMININS

L'indice de masse corporelle (IMC) et la voix à la ménopause sont-ils liés ?

Je classe mes patientes ménopausées en deux catégories : le type « Modigliani » (des femmes plutôt minces avec peu de tissu adipeux) et le type « Rubens » (des femmes plutôt rondelettes avec des cellules graisseuses ou lipocytes). Le taux d'œstrogènes du corps augmentant en fonction de la masse adipeuse, une femme à IMC élevé produira plus d'œstrogènes qu'une femme plus mince. Et sans hormonothérapie, la fréquence fondamentale de la voix parlée sera plus haute chez les femmes ménopausées obèses, et donc ayant un IMC élevé.

À la ménopause, la synthèse œstrogénique peut avoir lieu dans les cellules adipeuses des hommes comme des femmes. Cette biosynthèse augmente avec l'âge. L'androsténédione et d'autres dérivés d'androgènes sont transformés en œstrone (hormone féminine dérivée des œstrogènes) dans les cellules adipeuses, nommées lipocytes. On a récemment démontré que cette transformation a lieu dans tout le tissu graisseux. Ainsi, chez la femme ménopausée, le lipocyte est le site prédominant de la synthèse œstrogénique à partir d'androgènes, comme d'ailleurs chez l'homme obèse. Cela expliquerait le taux peu élevé de testostérone du ténor obèse, car la testostérone est piégée dans les tissus adipeux et subit donc une transformation. Comparons avec une chanteuse mince. Son taux de testostérone est plus élevé du fait de l'absence de tissu adipeux. Les androgènes ne peuvent se métaboliser en œstrone. En vieillissant, notre masse musculaire maigre diminue et notre masse adipeuse augmente, donnant lieu à une redistribution nouvelle des cellules dans notre corps. La cortisone et tous les autres stéroïdes contribuent à cette augmentation adipeuse et il faut donc être très prudent quant à la prescription de stéroïdes pour une patiente ménopausée.

L'œstrone est une hormone œstrogénique, certes, cependant son action sur les organes cibles est plus faible que celle de l'œstradiol, dont elle est le précurseur.

Chez la femme ménopausée de type « Rubens », les androgènes devenant œstrones dans les tissus gras, le traitement hormonal substitutif sera beaucoup moins lourd, voire inexistant. Chez le type « Modigliani », le traitement hormonal substitutif sera souvent nécessaire, voire indispensable, sa masse graisseuse n'ayant qu'un très petit rôle dans la conversion des androgènes en œstrones. Les deux cas demandent un suivi particulièrement attentif. Tout traitement hormonal substitutif (THS) doit être rigoureusement contrôlé.

Le traitement hormonal substitutif est utilisé pour gérer les symptômes de la périménopause, telles les bouffées de chaleur, la vaginite, l'insomnie et les sautes d'humeur ; il peut également prévenir le risque de maladies cardio-vasculaires, d'Alzheimer et d'ostéoporose. Il est prouvé que les œstrogènes de substitution, s'ils sont prescrits à faible dose et sur le long terme, prolongent le confort de la vie de la femme après la ménopause. Des données scientifiques récemment publiées soulignent une hausse du taux de morbidité chez les femmes qui arrêtent leur thérapie de substitution hormonale. Les œstrogènes sont présumés annuler les effets négatifs de la ménopause sur la voix de la femme. Cependant cet effet sur la voix n'est pas toujours semblable, il dépend du type de progestatifs. Certaines THS contiennent des progestatifs avec un effet androgénique important qui va faire baisser la gamme de la voix et changer son timbre. Les progestatifs comme le Progestan et les œstrogènes conjugués équins (le Premarin) sont souvent prescrits, le Premarin étant la marque la plus ancienne et la plus répandue. Il existe des alternatives naturelles ou synthétisées également performantes.

Par ailleurs, on constate que dans plus de 10 % des cas il existe également une hypothyroïdie provoquant une fatigue générale avec un pincement du registre et une perte de la puissance vocale.

Mes vingt-cinq ans d'expérience professionnelle dans ce domaine et ma collaboration avec des gynécologues spécialisés dans la périménopause (David Élia, Henri Rozenbaum et Béatrice Abitbol) m'ont permis de constater que les patientes ainsi soignées parviennent à éviter une masculinisation vocale sous l'effet du vieillissement et à préserver une belle voix beaucoup plus longtemps. J'ai été impressionné par certaines sopranos qui ont réussi à garder leur tessiture intacte jusqu'à l'âge de 65 ans.

LA MÉDECINE ALTERNATIVE

La médecine dite « alternative » et les changements d'alimentation sont efficaces pour réduire les symptômes de la ménopause. Les multivitamines, des minéraux et une bonne hydratation

Cléo de Mérode, nu en marbre blanc : un corps de femme dans sa plénitude (sculpture d'Alexandre Falguière).

sont conseillés. En particulier les vitamines A, B6, B5, C, E et la vitamine D, ainsi que le magnésium, le cuivre, le zinc, le phosphore, le fer et le calcium. La synergie thérapeutique offerte par une approche combinant le TSH, la médecine alternative, le changement d'alimentation et l'orthophonie donne des résultats probants. On pourra par exemple se conformer au protocole suivant : extrait sec de racine de maca (*Lepidium meyenii* Walpers), extrait sec de racine d'igname (*Dioscorea oppositifolia* L.), extrait sec de feuilles de sauge (*Salvia officinalis* L.), antiagglomérants, dont le phosphate dicalcium, le phosphate tricalcium et le zinc, extrait sec de cimicaire/actée à grappes noires (*Cimicifuga racemosa* L. Nutt.), vitamine B3, extrait sec de pin maritime (*Pinus pinaster* Aiton), et vitamines E, B2 et B6. Encore faut-il que le corps tolère ce protocole, ce qui est loin d'être acquis dans tous les cas.

Pour clore ce chapitre, la femme ménopausée gardera une voix féminine si les androgènes physiologiques transformés en œstrones ont libre cours dès que les œstrogènes et la progestérone tirent leur révérence. Cependant, sachant que les androgènes sont les seules hormones capables de produire une voix mâle s'ils ne sont pas modifiés en hormones féminines, il est impératif de consulter dès les premiers symptômes de la ménopause, voire de la périménopause si la voix s'aggrave.

Influence des pathologies gynécologiques sur la voix

Si les maladies et les chirurgies gynécologiques peuvent influencer la voix des femmes, on dispose de traitements pour y remédier. Les troubles de la voix sont rarement associés à une maladie gynécologique, si ce n'est celle qui interfère avec les hormones androgéniques. La chirurgie, en revanche, peut entraîner des troubles indirects non négligeables.

L'endométriose

L'endométriose est mal connue. C'est une croissance anormale de la muqueuse utérine (l'endomètre) en dehors de l'utérus qui se fixe, se greffe dans l'abdomen (le péritoine) et le tissu pelvien. Dans la majorité des cas, cette croissance affecte surtout les ovaires et les trompes de Fallope. Elle provoque des douleurs intenses, des problèmes de fertilité, des règles abondantes, une grande fatigue et des complications gastro-intestinales chez environ 176 millions de femmes dans le monde. Le diagnostic est pratiqué par IRM et échographie. Il y a indiscutablement des endométrioses familiales. Les taux peu élevés de progestérone chez les patientes concernées pourraient être d'origine génétique et contribueraient à un déséquilibre hormonal qui provoque des perturbations sur les chromosomes 1, 2, 6, 7, 10 et 12. Cette maladie touche principalement la femme féconde. Les priorités sont de soulager la douleur, d'enrayer la progression du processus et, si nécessaire, de restaurer ou préserver la fertilité. Chez une jeune femme, il convient d'exciser chirurgicalement le tissu endométrial et de préserver les ovaires sans endommager les tissus normaux. La suite du traitement restera à déterminer au cas par cas. Le traitement hormonal substitutif inclut de la progestérone ou des progestatifs, ce qui contrecarre les œstrogènes et inhibe la croissance de l'endomètre. Le danazol (danocrine) et le gestrinone, des stéroïdes suppressifs avec un effet androgène, peuvent ainsi se révéler nécessaires. Tous deux inhibent la croissance de l'endométriose, mais on les prescrit avec parcimonie, car ils peuvent engendrer de l'hirsutisme et des altérations vocales.

La ligature des trompes

Cette opération n'a généralement pas de répercussions sur la voix. Elle consiste en une ligature des trompes de Fallope qui va empêcher l'ovule d'accéder à l'utérus, afin d'éviter une grossesse. Néanmoins, certaines de mes patientes se plaignent d'altérations de leur voix à la suite de cette ligature, accompagnées d'un syndrome vocal prémenstruel. Dans un cas sur dix, règles abondantes et douleurs pelviennes font suite à l'intervention, des symptômes qui peuvent entraîner une faiblesse vocale. Il est exceptionnel que la technique chirurgicale utilisée pour une ligature tubaire ait ici endommagé l'artère ovarienne voisine. Le flux sanguin de l'ovaire s'en trouvant diminué, sa stimulation devient moins efficace dans la production d'œstrogènes et de progestérone.

L'hystérectomie

Lors d'une hystérectomie (ablation de l'utérus), si les ovaires sont laissés en place, cela n'a pas une grande incidence sur le syndrome vocal prémenstruel : le rôle glandulaire des ovaires persiste. La sécrétion hormonale ovarienne continue d'agir. Mais les règles s'interrompent complètement, tout comme, évidemment, les douleurs consécutives à la contraction de l'utérus pendant cette période. En cas d'ablation des deux ovaires, ce n'est plus du tout pareil. On se retrouve dans un scénario de ménopause, mais de façon plus flagrante : il n'y a plus d'hormones ovariennes. Il n'y a plus d'œstrogènes. Sauf contre-indication, le traitement hormonal de substitution devra alors être prescrit pour conserver la tessiture vocale. Il s'agit d'une ménopause « artificielle ». L'hystérectomie cause également des troubles du fait de l'altération du support musculaire abdomino-pelvien capital pour les chanteuses. En cas de chirurgie pour ablation de l'utérus ou des ovaires, pour hernie ombilicale ou nécessitant une incision abdominale ou pelvienne, le retour à la normale de la voix est long. La kinésithérapie joue un rôle prépondérant et la gymnastique journalière est décisive, à condition qu'elle soit effectuée sans effort violent pour ne pas risquer une rupture partielle postopératoire de la sangle abdominale. Enfin et surtout, si la chirurgie peut être pratiquée par endoscopie ou célioscopie, c'est l'idéal : le support musculaire abdominal et pelvien se trouve ainsi épargné et très peu altéré et tout rentre dans l'ordre dès le quinzième jour.

Le cancer du sein

Une thérapie hormonale à base de tamoxifène et/ou d'un inhibiteur de l'aromatase (anastrozole, letrozole ou exemestane) est un élément essentiel dans le traitement du cancer du sein. Les inhibiteurs de l'aromatase ne s'utilisent qu'après la ménopause et causent couramment des douleurs articulaires et musculaires. La douleur peut se manifester dans les mains et les poignets, les pieds et les chevilles, les genoux, le dos et les muscles laryngés ; la voix alors est altérée. Des anti-inflammatoires, comme l'ibuprofène, seront prescrits. Les inhibiteurs de l'aromatase engendrent aussi des problèmes dentaires, ainsi qu'une perte de densité osseuse qui peut entraîner un taux d'ostéoporose et de fractures des os plus élevé que chez les patientes prenant du tamoxiphène. Un exercice physique régulier, une bonne alimentation énergétique et protéinée et l'absence de tabac sont fortement recommandés pour contrer ces effets. Un traitement comprenant du calcium, des vitamines D et B5, du fer et du magnésium est indispensable. Les symptômes de la ménopause, notamment une gorge sèche, sont fréquents chez les femmes qui prennent des inhibiteurs de l'aromatase, et peuvent donc affecter leur voix parlée et chantée. Il existe une perte importante de la lubrification des cordes vocales.

PARTIE III

VOIX, REFLET DE VOTRE SANTÉ

CHAPITRE 8

Les agresseurs de la voix de la femme

La voix de la femme est fragile, à tout âge et à tout moment. Qu'est-ce qui peut aggraver ou au contraire alléger cette fragilité ? Quelles précautions peuvent être prises pour « respecter » la voix ? C'est ce que nous allons voir maintenant.

L'environnement

Dans un restaurant encore presque vide, on parle normalement. Mais au fur et à mesure qu'il se remplit, on commence à parler plus fort autour de la table en forçant sa voix. Afin de se faire bien entendre, la voix doit s'élever de cinq décibels au-dessus du bruit ambiant. Autre exemple : on est au téléphone et au bout d'un certain temps, si on s'énerve, on est amené à élever le ton. Sans aucun retour de sa propre voix au niveau des oreilles, puisqu'elles sont prises en totalité par le son téléphonique, on ne s'entend plus parler. De là un forçage vocal qui peut conduire à une hémorragie sous-épithéliale des cordes vocales.

L'allergie à la poussière et à la pollution ne fait pas bon ménage avec le confort vocal. Les thérapies naturelles, les gouttes nasales et si cela est nécessaire les antihistaminiques au coucher aident à limiter les éternuements et le symptôme du nez bouché, l'œdème des cordes vocales et la toux, particulièrement gênants pour les professionnelles de la voix, mais les antihistaminiques assèchent la gorge et doivent donc impérativement être pris au moins huit heures avant une performance vocale. Après un voyage en avion, où l'hygrométrie est très faible (à peine 10 % d'humidité au lieu des 50 ou 60 % usuels), un vrai repos s'impose, surtout si on a parlé pendant le vol : la lubrification de la gorge est mauvaise, il faut laisser le corps et les cordes vocales se réhydrater. Si la femme est en outre au stade prémenstruel, les capillaires sont gonflés, et une allergie n'arrange rien : il arrive qu'un capillaire éclate sur la corde vocale sans qu'il y ait eu aucun traumatisme extérieur. Si on éternue ou tousse violemment, les cordes vocales, déjà fragilisées par l'impact hormonal et l'allergie à la poussière, claquent l'une sur l'autre et la force de cette collision peut provoquer un hématome.

Les allergies nasales entraînent des dysphonies chroniques

Mme A. G. est un professeur à l'école maternelle. Elle me consulte pour une fatigue excessive de la voix avec une aphonie chronique qu'elle rattache à un contexte allergique. Dans son enfance, elle avait souffert d'asthme. Elle change son tapis, ses oreillers en plumes dès le début de ses troubles de la voix. La dysphonie persiste. Cette femme de 39 ans ne semble pas avoir d'aphonie psychogène. L'examen de son larynx révèle un gonflement de ses cordes vocales associé à une inflammation. De plus, les fosses nasales montrent la présence de quelques petites excroissances qui sont de petits polypes de la muqueuse nasale de type allergique. La respiration par le nez est difficile. De ce fait le rôle du nez comme hydratant du larynx n'est plus efficace. La conséquence est simple : les cordes vocales sont enflées et présentent une laryngite de forçage. Mme A. G. doit forcer sur sa voix. Quelques semaines plus tard, la tension vocale fait apparaître des nodules. Le problème doit être traité à la source et non pas en aval : les nodules ne sont que la conséquence et non la cause de cette dysphonie. Le déclencheur est l'allergie. Une réaction en chaîne s'est produite : une respiration nasale altérée, une polypose nasale et une trachéite de type asthmatique avec une toux traumatique ont entraîné la formation des nodules vocaux. Un test d'allergies établit sa sensibilité aux acariens et aux graminées. Un programme de désensibilisation combiné avec un traitement médical a permis à Mme A. G. de traiter sa dysphonie allergique en quelques mois et des séances d'orthophonie associées à un traitement antireflux et de la bromélaïne de guérir ses nodules des cordes vocales.

Casser la voix : alcool et voix de femme

Un petit verre avant mon entrée en scène, avant ma conférence, et je me sens mieux : légende ou réalité ? Certes, l'effet de l'alcool sur l'organisme est presque immédiat. De l'euphorie à la sensation de chaleur physique, de pseudo-relaxation à en oublier le stress : c'est une réalité. Mais l'addiction en est le risque, le piège, avec parfois des effets secondaires irréversibles.

La chaleur ressentie est due à la dilatation des capillaires artériels, les faciès rougeauds et bouffis chez certaines actrices en témoignent. Notre cerveau se désinhibe. On parle fort, on chante fort, on force sur la voix sans le ressentir. L'accident vocal est vite arrivé surtout s'il existe un syndrome prémenstruel. L'hématome des cordes vocales secondaire à une rupture de microvarices cordales se produit. L'œdème des cordes vocales est nettement aggravé par la prise d'alcool et amplifié avec le tabac.

Dans les heures qui suivent la prise de vin blanc, de rosé ou de champagne, les cordes vocales s'assèchent, elles se déshydratent. Le timbre vocal s'altère. La voix perd ses harmoniques, sa couleur, sa brillance, son rythme, son authenticité. Enfin, le reflux gastrique est intimement lié à la prise d'alcool et aggravé par le tabac.

Tabac… et la voix s'aggrave

On connaît bien la voix des femmes qui fument. Pourquoi est-elle rauque ? Fumer n'a pas pour seule conséquence le risque de cancer, cela peut aussi provoquer un œdème des cordes vocales. Une sorte de gélatine est sécrétée sous la membrane muqueuse, entre le muscle et la surface, et ce suintement gélatineux alourdit l'organe vibratoire et casse la voix.

Mais comment se forme cet œdème ? Dans 98 % des cas, il apparaît chez les femmes qui fument plus de 15 cigarettes par jour. Inhaler la fumée de cigarette provoque une agression vasculaire sous l'effet de la nicotine ainsi que la formation de kératose du fait des goudrons contenus dans le tabac. La kératose n'est rien d'autre qu'une mince couche cornée qui se dépose sur la membrane des cordes vocales avec comme résultat une irritation chronique induite par la fumée, une tension de la voix et un reflux gastrique fréquent. Quant à la nicotine, elle donne à la voix de la femme une tonalité grave qui n'est pas nécessairement désagréable. Il ne faut alors opérer que pour deux raisons : si l'on suspecte un cancer ou si sa voix ne correspond pas à la personnalité de la femme et devient invalidante pour elle.

La fumée du tabac contient ainsi de nombreux composés, dont des carcinogènes (par exemple des hydrocarbonés aromatiques polycycliques), des substances irritantes, de la nicotine, du monoxyde de carbone et d'autres gaz. Fumer influe sur les divers processus métaboliques et biologiques du corps, y compris la sécrétion d'hormones. On peut schématiser ainsi les effets pervers du tabac :

- Le goudron ou benzopyrène est carcinogène. Il forme des dépôts sur la membrane muqueuse des cordes vocales et sur l'épithélium pulmonaire. Il est responsable de 97 % des cancers du larynx et des poumons. Dans la phase initiale, il s'agit d'une simple plaque blanche qui produit une voix rauque. Mais le goudron poursuit imperturbablement sa course mortelle. Il provoque allergies, dysphonie et laryngite, qui s'accompagnent toujours d'un reflux gastrique. Et qui ouvrent la porte au cancer.

• La nicotine fonctionne de manière différente, bien plus subtilement. C'est un processus à long terme. L'acide nicotinique opère au niveau vasculaire et provoque, voire aggrave, l'artériosclérose.

Nicotine et créativité

Âgée de 52 ans, une écrivaine m'a consulté un jour à propos de sa voix enrouée. Cela fait bien deux ans, me dit-elle, que ce problème se pose. « J'ai commencé à avoir quelques soucis avec ma voix il y a dix ans, mais c'était supportable. J'ai trop de travail et donc n'ai pas eu le temps de consulter un médecin. Je ne parle pas beaucoup, mais aujourd'hui ma voix me fait tousser sans raison. »

Point important, car ce n'est pas la même chose de fumer avec les cordes vocales ouvertes ou fermées. La voix des professionnelles de la voix qui fument pendant leur activité vocale est plus sujette à des lésions du larynx que celle de quelqu'un qui fume en travaillant devant son ordinateur, sans parler. Les cordes vocales se ferment en vibrant et s'encrassent avec la nicotine et le goudron qui viennent à leur rencontre et pénètrent la membrane de la corde qui vibre, ce qui correspond à un microtraumatisme répétitif. Petit à petit, ces microtraumatismes affectent l'épithélium et les lésions se constituent en quelques années. Mais si on expire sans parler, les cordes vocales restent ouvertes et ne font pas obstacle dans le cheminement de l'air expiré. Si la nicotine et le goudron ont un certain impact, il est très réduit au niveau des cordes vocales qui laissent passer les toxiques tabagiques. Quant à l'alcool, il aggrave l'impact du tabagisme, multipliant par trois les complications causées par la consommation de tabac.

À l'examen, j'ai trouvé chez cette patiente une petite masse blanchâtre saillante, comme une petite excroissance cancéreuse, sur la corde vocale de droite, avec un œdème sur les deux côtés. Mais le larynx restait mobile, ce qui était bon signe : la tumeur, bien localisée, n'avait pas envahi l'articulation de la corde vocale. Je l'ai examinée en ayant recours à la technique de *narrow band imaging* (NBI), vidéofibroscopie du larynx où une lumière particulière agit comme une fluorescence : elle « allume » la lésion. L'œdème paraissait normal. Je l'ai opérée par microchirurgie laser ablatif CO2, sous anesthésie générale. J'ai fait l'ablation partielle de la corde vocale. Le taux de réussite de cette opération est de l'ordre de 98 %. Le prélèvement était malin, me dit le pathologiste, mais les tissus environnants étaient sains. J'avais complètement éliminé la tumeur cancéreuse, tout en évitant de trop modifier la voix, et je n'avais pas du tout touché à l'œdème des cordes vocales pour conserver sa signature vocale.

Après l'intervention, j'informe ma patiente qu'elle a un cancer de la corde vocale et lui demande l'impossible : arrêter de fumer. Quelques jours après l'opération, un staff est prévu pour décider de la conduite à tenir pour le futur par une réunion de concertation pluridisciplinaire appelé RCP. À la suite de cette réunion. La surveillance est décidée avec ce que nous appelons une surveillance active avec scanner et vidéolaryngoscopie, et un PET-scan dans six semaines.

Elle fumait jusqu'à 60 cigarettes par jour ! Elle aurait pu utiliser un patch de nicotine ou mâcher de la gomme pour abandonner plus facilement cette mauvaise habitude, mais elle renonça purement et simplement au tabac. C'est là un choc brutal pour l'organisme, et il faut une volonté de fer. Lors de ses différentes consultations, ses cordes vocales étaient parfaites.

Puis, dix-huit mois plus tard, tous les examens sont négatifs, que ce soit le PET-scan, le scanner en 3D, le scanner pulmonaire de contrôle ou la vidéolaryngoscopie par pseudo-fluorescence. « Ma voix me va bien, elle me plaît », me dit-elle. Elle en parle comme d'un bijou qu'elle aurait récupéré, sans doute la voix non dénuée de sensualité qu'elle avait eue longtemps auparavant. Mais quelque chose dans son timbre est triste, ses yeux bruns sont remplis de chagrin. « Docteur, je vais bien. Ma voix sonne bien. Je ne fume plus du tout. Mais je me sens comme une âme perdue. » Que voulait-elle dire ? J'avoue avoir été surpris. Son cancer était en totale rémission, ses cordes vocales vibraient à la perfection, sa voix lui plaisait.

Elle me demande alors une feuille de papier vierge et tire son stylo de son sac. Son outil de travail, comme elle l'appelait. Plusieurs dizaines

de secondes s'écoulent. Elle reste silencieuse. Sa main n'écrit pas et la feuille demeure immaculée. Elle semble pétrifiée. Une larme perle dans ses yeux et mouille cette page blanche. « Je suis dans cet état depuis un an et demi, je ne peux plus écrire et si je ne fume pas, je suis comme un corps guéri avec un esprit désert, je n'ai plus d'inspiration. »
Le tabac était sa drogue, la privation avait tué son imagination. Le sevrage de nicotine peut déclencher nombre de symptômes déplaisants : besoin insatiable de cigarettes, irritabilité, dépression, impossibilité de se concentrer, anxiété, insomnie, maux de tête, prise de poids avec boulimie incessante. Que lui proposer ? J'ai alors conseillé l'impensable : fumer la pipe, mais avec modération (les cigarettes électroniques n'étaient pas encore répandues). Elle a ainsi retrouvé sa *persona* et continue de me consulter régulièrement deux à trois fois par an. Son larynx est parfait. Elle utilise désormais des substituts de nicotine. Ses effluves créatifs flottent à nouveau.

Sans l'ombre d'un doute, le tabac est une drogue. Prétendre conseiller à une patiente de s'arrêter de fumer sans une aide médicale ou paramédicale est presque un leurre tant cela est difficile et nécessite alors une volonté certaine. La nicotine agit sur le cerveau et plus spécifiquement sur l'hypothalamus. Elle peut avoir une action excitative et crée fréquemment la dépendance. Elle agit aussi sur le centre régulateur de notre métabolisme de base, qu'elle peut accélérer. Pour une vraie fumeuse, arrêter de fumer d'un jour à l'autre sans prendre de substituts nicotiniques entraîne facilement une prise de poids de 5 à 10 kilos en quelques mois. Quel est l'impact de la nicotine sur les œstrogènes, la progestérone, l'hormone thyroïdienne, sur la ménopause ?

Une fumeuse pèse 3 à 5 kilos de moins qu'une non-fumeuse de même stature et même morphologie, et la nicotine en est la raison principale : celle-ci augmente la dépense d'énergie, même au repos. Elle provoque une inhibition de la sécrétion d'insuline qui brise la formation de graisse et réduit la prise de nourriture. Elle a en outre un effet hyperglycémique, tout comme la pratique sportive régulière. Le sport ne fait pas maigrir mais il augmente les paramètres précités et active les circuits de dépense d'énergie de notre organisme. Arrêter de fumer impose donc une activité sportive associée à un régime adéquat.

Pour celle qui fume régulièrement, surtout cette fameuse cigarette avant le petit déjeuner, que se passe-t-il ? D'un point de vue physiologique, notre cerveau ne contient pas de nicotine. Cependant, il possède un grand nombre de récepteurs nicotiniques. La fumée inhalée passe des alvéoles pulmonaires au flux sanguin *via* les capillaires pulmonaires et atteint le cerveau en un temps record de 5 à 9 secondes. Pendant le renouvellement du souffle, la concentration de nicotine dans le sang augmente rapidement après chaque bouffée de cigarette et culmine (après 10 minutes), causant un effet « shoot » (comme après une injection de drogue). Cela est vrai pour la première cigarette du matin ou après un arrêt de 6 heures sans fumer. C'est précisément cette rapidité de diffusion qui explique la raison pour laquelle la cigarette a supplanté les autres modes d'absorption comme le patch de nicotine, qui est beaucoup plus lent. Arrêter de fumer nécessite de l'aide pour combattre le besoin de cigarette tout au long de la journée. Trois à cinq cigarettes par jour sont compatibles avec le patch de nicotine. Sur le plan physiologique, une fois dans le cerveau, la nicotine stimule la libération de différentes hormones hypophysaires : elle augmente intensément les taux de prolactine, d'adrénocorticotrophines et d'hormone de croissance dans le plasma, sans modifications de la TSH, de la LH et de la FSH, et a un impact positif sur la libération de dopamine, comme tous les produits addictifs (héroïne, cocaïne, etc.). Le circuit de récompenses du cerveau est en marche. On constate l'état de la satisfaction physique et psychique de l'individu, conduisant à la dépendance. Car l'effet de la nicotine est temporaire : elle est rapidement éliminée du corps (en moyenne, 50 % en 2 heures). L'addiction semble donc inéluctable.

Or la nicotine a des effets secondaires sur l'hormone parathyroïdienne, diminuant l'absorption de calcium chez les fumeurs ; l'activation des ganglions sympathiques entraîne une sécrétion d'adrénaline et de ce fait l'augmentation des hormones thyroïdiennes, des androgènes surrénaux qui masculinisent la voix. On lui connaît d'autres effets : elle accroît la vasopressine, hormone qui gère le flux et la pression sanguine, et induit des œdèmes du tissu interstitiel et des cordes vocales. La ménopause intervient un à deux ans plus tôt chez les fumeuses que chez les non-fumeuses, et avec des troubles plus importants. La voix s'altère davantage par la perte d'élasticité des cordes vocales et « vieillit » plus vite. Un aparté : la puissance de la voix est diminuée, les fumeuses toussent souvent de manière chronique pour tenter d'éliminer ces bouchons muqueux. Elles blessent les cordes vocales par ce traumatisme chronique. L'accumulation de mucus dans le système respiratoire devient aussi un terrain propice aux infections, elles-mêmes source d'inflammation et de bronchite chronique.

Les cigarettes ont aussi un effet antiœstrogène sur les femmes, favorisant un raccourcissement du cycle menstruel et l'augmentation du syndrome vocal prémenstruel.

Le forcing

Si vous commencez une carrière de chanteuse ou un métier qui vous oblige à parler face à une large audience, gardez-vous de mauvaises habitudes et de techniques vocales inappropriées. Parler, chanter en amateur, cela ne pose aucun problème. C'est comme marcher ou courir après un bus ou un taxi. Mais faire un semi-marathon ou chanter pendant plus d'une heure impose, je dis bien impose un véritable apprentissage pour éviter les accidents de la voix que l'on voit trop fréquemment aujourd'hui. Votre voix est votre instrument, la blessure peut être irréversible. Votre professeur de chant ou votre coach vocal sont indispensables pour savoir comment poser votre voix. Savoir comment crier tous les soirs dans un spectacle, tous les jours dans une classe de CM2 agitée, c'est autre chose que de crier une fois de temps en temps.

Pour les chanteuses, les répétitions individuelles sont essentielles car elles mettent l'accent sur des exercices précis visant à l'assimilation de la technique. Les chanteurs professionnels s'entraînent entre une et trois heures par jour et presque tous les jours, ce qui leur permet de conserver la souplesse de leurs muscles et de préserver leur agilité acoustique. Il faut commencer par s'échauffer en vocalisant bouche fermée. Sinon on risque des microlésions sur les muscles des cordes vocales, lésions qui font perdre les notes hautes du registre. Il faut éviter de répéter un opéra ou une pièce de théâtre pendant 6 ou 8 heures par jour, comme je l'ai vu si souvent se produire, le résultat est terrible, la voix est « épuisée » et, le jour de la générale, elle n'est plus au rendez-vous. Est-ce que les marathoniens s'entraînent huit heures par jour ? Même quand ils s'entraînent pour l'épuisant Tour de France, les cyclistes ne roulent jamais plus de 7 heures par jour, et on peut considérer que c'est une réelle prouesse.

Quant à l'enseignante, elle doit savoir à quel moment protéger sa voix. Les cours d'orthophonie, à raison de quatre séances en septembre et en mars, sont un bon compromis pour éviter les accidents de la voix, surtout en cas de syndrome vocal prémenstruel. Sauf à voir surgir soudain un nodule ou un hématome des cordes vocales.

Les (mauvais) médicaments

Chez la femme, une dose de testostérone est nécessaire pour assurer un niveau de libido satisfaisant, et suffisamment d'harmoniques bas pour que la voix se différencie de celle d'un enfant. Mais le taux de testostérone doit être compris entre 140 et 210 µg/dl. La consommation d'androgènes laisse des traces souvent définitives chez la femme : la voix se masculinise sans espoir de retour. C'est pourquoi la patiente doit soigneusement vérifier les médicaments qu'on lui prescrit afin d'identifier la présence éventuelle de dérivatifs androgéniques anabolisants.

Les androgènes augmentent le flot sanguin dans l'organisme et améliorent l'oxygénation et la performance des muscles. La cortisone, dont l'influence euphorique conduit certains professionnels, espérant être au sommet de leur voix, à abuser, peut avoir des effets androgènes, ainsi que des effets rebonds regrettables : à l'arrêt de la cortisone, la tonicité musculaire baisse brutalement et la fatigue s'installe, parfois accompagnée d'une ébauche de dépression.

La femme et les stéroïdes anabolisants, parfois utilisés pour améliorer la performance athlétique et l'apparence physique, sont souvent tragiquement incompatibles. Un certain engouement narcissique, la culture du selfie entraînent nombre de jeunes femmes à prendre des compléments nutritionnels achetés dans des boutiques de sport qui, s'ils contiennent des stéroïdes et sont pris juste après la puberté, peuvent leur donner une voix très basse, sans retour possible à la normalité. Mais la masculinisation de la voix peut affecter les femmes à tout âge. L'altération des paramètres vocaux se manifeste au bout de trois ou quatre mois, parfois plus tôt.

Le traitement primaire consiste alors à interrompre la prise de toute hormone androgénique. Si les changements vocaux sont irréversibles, une intervention chirurgicale sur l'appareil laryngé ou une chirurgie endoscopique au laser pourra, dans certains cas, restituer une voix plus féminine.

Une signature vocale trahie par sa voix

« Bonjour docteur, ma voix est trop grave. Cela m'handicape beaucoup. Je ne la supporte plus. » Je demande à la patiente : « Depuis combien de temps cela vous gêne-t-il ? » Elle m'indique que cela fait bientôt deux ans, mais elle ajoute : « Oui, déjà deux ans, mais maintenant, je ne la supporte plus. En fait, voilà ce qui s'est passé le mois dernier. Je perds ma carte de crédit. J'appelle ma banque et je lui dis : "Voilà mon numéro de carte bancaire, je l'ai perdue hier, je fais opposition." Le banquier me répond : "Oui monsieur, mais je ne peux rien faire. Monsieur, comprenez, je dois parler à Mme T. M." Je lui précise alors : "JE suis Mme T. M." "Non, répond-il, pas pour moi." Il ne voulait rien savoir. J'étais à l'étranger. Vous comprenez l'urgence. En plus, dans mon métier de relations publiques dans l'événementiel, ce n'est plus possible. J'ai voulu être mannequin mais ce n'était pas simple. » Je l'avais écoutée avec attention en analysant le timbre de sa voix, sa musicalité, son rythme. Sa voix était grave mais surtout cet harmonique sonnait très masculin, ce qui donnait l'impression d'une voix presque de transsexuelle. Cette femme belle, mince, élégante n'avait aucun signe de masculinisation si ce n'est sa voix. « Mais, madame T. M., vous faites du sport ?
– Ah oui, me répond-elle, effectivement, j'ai oublié de vous signaler que j'ai pratiqué du sport à haut niveau de compétition dans la musculation et le body-building. Je fais très attention à mon apparence, mon alimentation, je continue mais seulement deux fois par semaine et uniquement pour de la remise en forme. » Un élément me manque. « Avez-vous pris des compléments alimentaires, des hormones, des anabolisants ? » J'ai à peine terminé ma question qu'elle répond : « Bien sûr, docteur, dans ce monde de la compétition ce n'est pas possible autrement. J'ai pris des fortifiants, mais pas d'hormones, et j'ai suivi des régimes hyperprotéiques. » Les fortifiants en question, une fois la formule vérifiée, se sont avérés être des anabolisants. Après avoir examiné ses cordes vocales, je ne suis pas surpris de voir des cordes vocales qui ressemblent à celles d'un homme, une muqueuse vocale

très épaissie. C'est la raison pour laquelle l'impression de voix d'homme est légitime et les harmoniques résonnent dans les graves. Le traitement est simple : il faut pratiquer une chirurgie par laser des cordes vocales pour les diminuer de volume, les amincir et les raccourcir. J'ai opéré la patiente. Sa voix et les harmoniques ont récupéré les aigus. L'orthophonie a fait un travail remarquable pour améliorer la résonance de sa voix, le placement et les silences entre les mots, la prosodie féminine qu'elle semblait avoir perdue, et le rythme propre à la voix de la femme.

La chirurgie de la voix : une chirurgie émotionnelle

Lorsque l'on opère les cordes vocales, mis à part le cancer, on n'intervient pas seulement sur un polype ou un nodule mais sur une voix. C'est une microchirurgie émotionnelle. Changer de voix c'est modifier ou récupérer sa personnalité, c'est retrouver une voix qui devenait inaudible ou invalidante. Depuis le début des années 1980, il y a eu beaucoup d'avancées majeures dans la chirurgie de la voix. Une meilleure compréhension de l'anatomie et de la physiologie de la phonation a permis des diagnostics plus précis et une évaluation des résultats plus performante. De meilleurs instruments de chirurgie ont facilité une plus grande précision microchirurgicale. Aujourd'hui il est possible d'éliminer une pathologie de la corde vocale sans endommager le tissu adjacent sain. La technologie laser a complété l'instrumentation microchirurgicale classique pour la phonochirurgie. La gestion des troubles de la voix peut être conduite très efficacement par une équipe multidisciplinaire spécialisée dans les soins de la voix, et qui inclut des laryngologues, des orthophonistes, des scientifiques de la voix, des spécialistes de la voix chantée.

Il est capital que la chirurgie restitue une meilleure voix. En phonochirurgie, on traite une voix, pas une lésion ! Une anatomie parfaite de la corde vocale sans vibrations n'est pas acceptable. Il ne s'agit pas là de chirurgie esthétique de l'intérieur du corps, mais de chirurgie fonctionnelle. Comme on l'a vu, la phonomicrochirurgie doit être autant que possible évitée pendant la période prémenstruelle, plus particulièrement chez les patientes qui ont alors une hypercongestion vasculaire. L'orthophonie avant et après une phonomicrochirurgie est indispensable ; elle aide à maintenir l'harmonie entre les multiples paramètres de la voix : la respiration, la résonance et les vibrations des cordes vocales. Les lasers peuvent être utilisés pour inciser, vaporiser et photocoaguler les structures de la corde vocale.

La chirurgie des cordes vocales est pratiquée pour des raisons variées. Les lésions pathologiques les plus communes à la voix de la femme sont les nodules, les kystes, les microvarices, ainsi que l'hémorragie qui crée une rigidité définitive de la vibration de la corde vocale, mais c'est rare. Quand une voix féminine se confond au téléphone avec une voix masculine, ce qui peut devenir perturbant pour l'intéressée, c'est qu'il s'agit d'un œdème. Il convient alors de pratiquer un « lifting de la voix » qui requiert une incision au laser puis dans le même temps chirurgical une micro-aspiration de l'œdème située sur la corde vocale.

Une voix à la Lauren Bacall

Jean Marais ne fumait que pour avoir une voix grave, car il trouvait que sa voix était trop haut perchée. Certaines actrices et musiciennes ont une voix de fumeuse, comme une « marque déposée » qui fait partie de leur charme, telles Jeanne Moreau, Marianne Faithfull ou Lauren Bacall. Je me souviens du cas de Cathy, la cinquantaine, peintre à la personnalité affirmée, qui était gênée par le côté rocailleux mais pas du tout par les graves de sa voix. Après quelques minutes de conversation, ses paroles sont à peine audibles, hachées. Elle ne peut plus converser au téléphone que brièvement et on lui dit toujours : « Allô, monsieur ? » Toutefois cela ne la gêne pas. « Je veux garder ma voix grave comme Lauren Bacall, mais je ne veux plus qu'elle se casse toutes les cinq secondes. Je ne veux pas changer de voix mais qu'elle glisse comme le pinceau sur ma toile. » Elle fume près de 40 cigarettes par jour depuis trente ans. Elle commence à redouter un cancer. En examinant son larynx, je note un gonflement significatif de la corde vocale gauche avec un kyste et un œdème, et une corde vocale droite légèrement gonflée.

Il est nécessaire de passer par la chirurgie, mais cela risque de modifier sa voix pour une voix de soprano, ce qu'elle ne pourrait pas assumer et qu'elle ne veut pas. Cette voix grave fait partie de sa personnalité. Il faut donc que je trouve un moyen de l'opérer, d'éliminer les tons rauques et invalidants de sa voix, tout en préservant son identité vocale. De restaurer la voix qu'elle avait à la quarantaine, sans la priver des harmoniques graves.

Le corps du muscle, dans son galbe, joue un rôle dans la tonalité de la voix. Il évolue peu avec les années. Ce qui évolue considérablement, c'est la qualité de la membrane de la corde vocale sous l'effet des agressions de la cigarette, de l'alcool, de la pollution et du forçage de la voix. Son rôle dans le timbre est important : un œdème épithélial confère souvent à la voix une sensualité inhabituelle. Le procédé chirurgical consiste à enlever suffisamment d'œdème, mais pas trop, et le kyste.

J'opère Cathy sous anesthésie générale. Le laryngoscope est en place. Je commence la microchirurgie au laser sur son larynx. Les yeux rivés sur le microscope, j'observe ses cordes vocales. C'est une intervention délicate. Le laser, avec sa précision de 100 microns, me permet d'enlever le kyste et une partie de l'œdème à gauche sans toucher la corde vocale droite, où l'œdème est minime. Il sera toujours possible de réopérer s'il le faut, mais si l'ablation chirurgicale est trop agressive, c'est irréversible : la voix reste très aiguë sans possibilité de retour. Cathy doit rester sans parler pendant une semaine. Après trois semaines, sa voix s'est stabilisée et a retrouvé cette sensualité à la Lauren Bacall. Elle avait retrouvé sa tonalité. Elle était délivrée de son enrouement, mais son timbre gardait ses harmoniques graves et toute sa sensualité.

CHAPITRE 9

Mes conseils

La voix de la femme est, du fait des fluctuations hormonales, particulièrement sensible à toute forme d'apport nutritionnel. Aujourd'hui les risques de déséquilibre alimentaire dans l'organisme ont augmenté à cause des mauvaises habitudes de la plupart d'entre nous. Les raisons en sont multiples. Certaines, comme la pollution, le tabagisme passif, les déjeuners pris à la va-vite, sont indépendantes de notre volonté ; il en est d'autres que nous pouvons contrôler : l'abus d'alcool, le tabac par intoxication directe de nicotine et de goudron, la consommation constante d'aliments « prépréparés » aux dépens d'aliments naturels, de légumes, de fibres et de fruits. Paradoxalement, ce déséquilibre moderne signifie un pas en arrière dans notre immunité, dans notre santé.

Si les problèmes d'alimentation et de bien-être sont traités de nos jours avec des thérapies agressives malheureusement nécessaires en cas d'urgence, il me semble tout aussi capital d'équilibrer son organisme en amont, dans une démarche de prévention, par un régime approprié. Notre voix est le reflet de notre santé. Pour éviter la fatigue générale, la fatigue vocale, les infections ou les inflammations, il est indispensable de recevoir un apport nutritionnel adapté et de bien s'hydrater. Les complexes vitaminés et les sels minéraux sont requis par l'incroyable usine énergétique de notre organisme, autrement dit nos cellules, nos enzymes, et par notre combat contre la maladie et le vieillissement, causés par les radicaux libres.

Notre larynx, nos résonateurs, les muscles striés de notre corps, notre rythme respiratoire et notre cerveau sont sollicités par notre voix. L'héritage neuronal pratiquement acquis à notre naissance ne va pas se renouveler après l'âge de 20 ans. Mais cette perte de neurones est fortement freinée par la stimulation. Plus on s'en sert, plus ils fonctionnent, moins ils vieillissent et disparaissent. Les utiliser régulièrement est l'une des clés de la jeunesse du corps et de l'esprit.

Les besoins énergétiques du cerveau sont considérables ! Ils représentent près de 20 % de la consommation d'énergie de tout notre organisme alors que le cerveau ne représente pas plus de 2 % du poids de notre corps. Outre les vitamines et les sels minéraux, les glucides et certains lipides sont absolument nécessaires à l'activité cérébrale, et les protéines à l'activité musculaire. Pour mémoriser texte et musique, les professionnels de la voix doivent posséder une remarquable santé physique et mentale. La récupération est indispensable pour la pleine exploitation de l'expression vocale, y compris chez les avocats ou les politiques. Pour la femme surtout, une bonne chronobiologie respectant les rythmes du sommeil, combinée à une alimentation optimale, permet d'être en pleine possession de sa voix.

Par ailleurs, toute médication a un seuil critique. Elle doit avoir un effet efficace sans dépasser la dose limite de tolérance. Mais en cas de surpoids, les cellules lipidiques piégeant certains médicaments, le dosage doit être augmenté. Il est clair qu'une même dose peut avoir une efficacité variable. Bien connaître la patiente, son environnement, ses allergies, la prise éventuelle d'autres médications, de la pilule, d'un traitement hormonal substitutif, évitera les conflits entre médicaments et permettra de déterminer la dose idéale.

Enfin, il ne faut pas oublier que chaque cas est particulier. Même pour des symptômes identiques, le traitement de l'une n'est pas celui de l'autre. Le stress, la corpulence, la vie hormonale et métabolique varie pour chaque individu. Toute thérapie doit être adaptée, et la réaction du corps à un traitement est encore le meilleur des signaux.

Les traitements allopathiques

Toute médication peut avoir un impact positif sur le conduit vocal de la femme tout en le fragilisant.

L'*aspirine*, quoi de plus banal ? Même à une dose minime, elle peut liquéfier le sang de manière significative et entraîner une fragilité capillaire. Chez les professionnelles de la voix, une prise d'aspirine juste avant leurs règles peut provoquer un saignement excessif et une fatigue considérable. Et même causer une hémorragie sous-épithéliale de la corde vocale qui s'aggravera en cas de forçage vocal ou après un vol en avion.

Les *antihistaminiques*, traitement de choix en cas d'allergie ou d'asthme, engendrent parfois, outre une légère somnolence, un assèchement des fosses nasales et des cordes vocales. Ces molécules inhibent les récepteurs histaminiques et diminuent ainsi les réactions œdémateuses et les sécrétions liquides, ce qui est recherché. Mais leurs avantages ont des désavantages. Il faut donc les prendre au moins huit heures avant une performance vocale.

La *cortisone* est elle aussi particulièrement efficace dans le traitement de l'asthme et de formes spécifiques de rhinites allergiques. Les inhalateurs qui délivrent ces médicaments ont l'avantage d'agir directement sur la muqueuse respiratoire en provoquant peu d'effets sur tout l'organisme. Or il y a trois précautions importantes à prendre avec ces inhalateurs. 1. Après inhalation, il faut se rincer la bouche pour éviter une possible complication de mycose sur le larynx et le pharynx. 2. Les corticoïdes peuvent affecter l'épithélium de la corde vocale et le muscle, entraînant des mois, voire des années plus tard une perte d'agilité, particulièrement chez la soprano pour les aigus et les staccatos. Il faut donc prendre un traitement additif de vitamines pour conserver une musculature vocale satisfaisante. 3. L'inhalation de corticoïdes provoque *ipso facto*, dans la minute, un réflexe de déglutition : des inhalations répétées irritent l'œsophage et le sphincter œsophagien, induisant le reflux gastrique. Boire un verre d'eau avec du bicarbonate, du magnésium et du calcium après chaque inhalation peut y remédier. Nous avons également vu au chapitre précédent que la cortisone pouvait avoir d'autres effets secondaires fréquents chez la femme (masculinisation de la voix, recrudescence de la fatigue à l'interruption du traitement, aggravation de l'ostéoporose). Si ce traitement agit de façon spectaculaire en cas d'inflammation, il impose que l'on ne chante ou ne parle qu'à 70 % de son potentiel et qu'on l'interrompe, plus ou moins progressivement, au bout de quelques jours.

Le stress est fréquent chez les professionnelles de la voix sujettes à l'anxiété. L'utilisation des *bêtabloquants* pendant la phase prémenstruelle est une aide appréciable et parfois nécessaire. Ceux-ci augmentent la sécrétion de salive et réduisent la sécheresse de la gorge, la crainte, le nœud au ventre, la respiration courte et le cœur qui s'emballe. Mais ils ont eux aussi des effets indésirables : ils peuvent aggraver une attaque d'asthme, ou induire un état d'hyperrelaxation excessif. Le stress peut avoir un effet galvanisant !

Les *relaxants* et les *psychotropes*, qui abaissent la vigilance, sont parfois bénéfiques après la performance. Le thiocolchicoside peut être utilisé, tout comme le méthocarbamol : ils agissent en tant que myorelaxants. Les marathoniens les utilisent avec du magnésium, une fois la course terminée, pour éviter les crampes.

Les hormones *stéroïdes* ou les dérivés de stéroïdes peuvent avoir un effet masculinisant plus ou moins marqué sur la voix. Neurostéroïde excitateur, la prégnénolone est produite dans trois organes essentiels : le cerveau, les gonades et les glandes surrénales. Depuis les années 1950, elle est utilisée pour lutter contre le stress, améliorer l'humeur, faciliter l'apprentissage et la mémoire, augmenter la durée du sommeil profond et renforcer le tonus. 5 à 10 milligrammes par jour après la cinquantaine constituent un dosage usuel. C'est le précurseur majeur de bien d'autres hormones stéroïdes : œstrogènes, progestérone et testostérone.

La *DHEA*, stéroïde anabolisant naturel, est une hormone produite par les glandes surrénales chez la femme (et chez l'homme où elle est aussi sécrétée à partir des testicules). Améliorant la libido, le développement musculaire, la densité osseuse, elle a un effet antiâge. La quantité de DHEA présente dans le corps baisse naturellement après 40 ans et à la ménopause, on peut prescrire entre 10 et 50 milligrammes en prise orale quotidienne.

Les antireflux

Près de la moitié des patientes souffrant de laryngite associée à une toux chronique présentent aussi un reflux pharyngo-laryngé. C'est la conséquence d'un flux inversé de liquide de l'estomac vers l'œsophage. Il peut être acide (avec un pH peu élevé, inférieur à 5,5) ou alcalin (avec un pH supérieur à 7). Même si le reflux est minime, il assèche les cordes vocales. Les conseils de base : attendre deux heures après un repas pour dormir, tête surélevée, ne pas mettre de vêtements trop serrés à la taille, réduire la consommation d'alcool, de bière, de boissons gazeuses et naturellement de tabac, un stimulant agressif de l'œsophage.

Pour savoir si vous souffrez de reflux, répondez au questionnaire ci-dessous (adapté du questionnaire de Belafsky). Donnez à chaque item une note comprise entre 0 et 5 (0 = « sans problème » et 5 = « problème sévère ») puis additionnez-les.

Enrouement	❑ 0	❑ 1	❑ 2	❑ 3	❑ 4	❑ 5
Éclaircissement de la gorge	❑ 0	❑ 1	❑ 2	❑ 3	❑ 4	❑ 5
Mucus de la gorge en excès ou goutte au nez	❑ 0	❑ 1	❑ 2	❑ 3	❑ 4	❑ 5
Difficulté à avaler aliments et boissons	❑ 0	❑ 1	❑ 2	❑ 3	❑ 4	❑ 5
Toux après les repas ou en se couchant	❑ 0	❑ 1	❑ 2	❑ 3	❑ 4	❑ 5
Expérience d'un épisode d'étouffement	❑ 0	❑ 1	❑ 2	❑ 3	❑ 4	❑ 5
Toux pénible et gênante	❑ 0	❑ 1	❑ 2	❑ 3	❑ 4	❑ 5
Grosseur dans la gorge (comme si quelque chose s'y trouvait coincé)	❑ 0	❑ 1	❑ 2	❑ 3	❑ 4	❑ 5
Brûlures d'estomac	❑ 0	❑ 1	❑ 2	❑ 3	❑ 4	❑ 5
Toux après un échange téléphonique de plus de 5 minutes.	❑ 0	❑ 1	❑ 2	❑ 3	❑ 4	❑ 5
TOTAL	________					

Un score au-dessus de 15 suggère un reflux chronique. Améliorer la santé de ses intestins avec des probiotiques est essentiel en cas de colopathie. Un bon verre de vin rouge est préférable aux boissons acides comme le vin blanc, le champagne ou la bière. La pepsine, enzyme présente dans l'estomac et le haut de l'œsophage, est inactive jusqu'à ce que des aliments acides potentialisent le reflux en la stimulant.

Un traitement médical est alors recommandé et quatre familles de médication antireflux sont efficaces. Elles agissent sur l'hyperacidité gastrique et sur les contractions et spasmes excessifs de l'estomac et de l'œsophage. 1. Les inhibiteurs de la pompe à protons (oméprazole, pantoprazole…) parviennent à travailler au sein même des cellules et dans l'estomac et agissent donc à la source. Ils fonctionnent remarquablement bien pour les ulcères gastriques et l'œsophagite. 2. Les médicaments anti-H2 agissent une fois que la molécule a été fabriquée et qu'elle émerge de la cellule gastrique. 3. Les médicaments antipéristaltiques calment les contractions gastriques et œsophagiennes et réduisent ainsi le reflux de manière mécanique. 4. La quatrième famille comprend les « baumes » gastriques comme les gels, les sirops ou les pilules antiacides. S'il suspecte un ulcère gastrique ou une œsophagite, le gastro-entérologue effectuera inévitablement une fibroscopie gastrique pour dépister la présence de la bactérie *Helicobacter pylori*. 5. Enfin, le médicament Esoxx One, qui associe de l'acide hyaluronique, du sulfate de chondroïtine et du poloxamer 407, a une action importante. Il traite à la fois le reflux acide et alcalin, particulièrement sur l'œsophage et plus spécifiquement sa partie haute en arrière des cordes vocales.

Les vitamines

C'est le nom donné par le biochimiste Casimir Funk en 1911, quand il eut isolé la vitamine B1, à des éléments nutritifs essentiels à la vie humaine. Les vitamines sont des substances organiques à base aminoacide que l'on trouve dans les plantes, les légumes et les fruits et que les humains ne peuvent pas synthétiser. Pendant des siècles, de nombreuses personnes ont souffert de déficiences vitaminiques.

Les vitamines opèrent à trois niveaux physiologiques : elles ont un impact enzymatique ; elles agissent directement sur la cellule membraneuse ou sur sa mitochondrie ; et elles ont une fonction hormonale. Pour qu'elles soient efficaces, une dose journalière minimale est essentielle, et ce minimum dépend de l'âge et du niveau des activités physiques et cérébrales. Elles procurent de l'énergie, sans aucune calorie, et sont capitales pour l'équilibre immunitaire, sans effets négatifs.

Je dois souligner l'importance des vitamines A, C, D, E, B5 et B6 pour les professionnelles de la voix, compte tenu du dynamisme et de la vigilance mentale, physique et vocale dont elles doivent faire preuve. On connaît treize vitamines : A, C, D, E, K, B1, B2, B3, B5, B6, B8, B9 et B12, et tous les aliments n'en contiennent pas en quantité suffisante. Leur structure moléculaire est très hétérogène. Elles entrent dans l'organisme par l'intestin grêle et l'organisme utilise des enzymes pour les isoler des aliments ingérés et permettre leur absorption. Elles doivent ensuite être libérées dans le corps et conduites aux cellules. Avec l'âge, notre structure digestive perd beaucoup de sa capacité à extraire les vitamines et les enzymes de la nourriture que nous mangeons. Il faut donc prendre régulièrement des compléments vitaminés et des minéraux.

La vitamine C

En 1497, Vasco de Gama largue les amarres et part du Portugal pour l'Inde *via* le cap de Bonne-Espérance, avec cent soixante marins à bord. Gravement malades pendant la traversée, ils sont seulement soixante à survivre. Épuisement, muscles atrophiés, gencives si douloureuses qu'ils ne pouvaient plus manger, ulcères, toux, saignements de nez, diarrhée – ils ont souffert d'innombrables maux dont nul n'a alors compris l'origine. Quand, presque quatre décennies plus tard, Jacques Cartier atteint le golfe du Saint-Laurent (1534), ses pertes en hommes ont également été terribles. Les survivants affaiblis présentent les mêmes symptômes et ne doivent leur guérison qu'aux Amérindiens qui, pris de pitié, leur donnent des feuilles d'arbrisseaux à mâcher. Quelle était donc cette étrange maladie ?

Ce n'est qu'au XVIIIe siècle que le médecin écossais James Lind, pionnier de l'hygiène dans la marine royale britannique, fit l'hypothèse d'une carence alimentaire en consultant le journal de bord des expéditions. Soumettant douze marins souffrant de la même maladie à une simple diète, il leur donna respectivement à boire, par groupe de deux, du cidre, de l'acide sulfurique, du jus d'orange et de citron, une décoction d'épines de pin, un peu d'eau de mer ou du vinaigre. Seuls ceux qui avaient bu du jus d'orange et de citron, riche en vitamines C, récupérèrent rapidement. Lind identifia et nomma le scorbut, dont il avait trouvé le remède. En 1754, il publie le premier ouvrage traitant de la déficience en vitamine C, aussitôt traduit en français et largement diffusé, puis fréquemment réédité. Cette découverte incita les capitaines de vaisseaux à inclure désormais dans les rations de leur équipage des aliments frais et plus particulièrement des agrumes.

La vitamine C ou acide ascorbique, soluble dans l'eau, est sensible à une chaleur excessive et à la lumière. Elle joue un rôle primordial pour ce qui est du collagène (fibres qui interviennent dans la cicatrisation et la souplesse des membranes muqueuses, notamment les cordes vocales), de l'histamine et du système de défense immunitaire de l'organisme. En solidifiant le gel qui lie les cellules ensemble, elle évite la formation de petits hématomes. Elle a un effet antioxydant sur le vieillissement des cellules et prévient les inflammations chroniques de l'arbre respiratoire. Son action est souvent couplée avec celle des vitamines D et E. Presque tous les fruits contiennent de la vitamine C, plus particulièrement les oranges, les pamplemousses et les kiwis, mais aussi certains légumes comme les choux (dont les brocolis). Cette vitamine peut renforcer remarquablement les performances intellectuelles, physiques et vocales (avec un risque d'hyperexcitation et de troubles intestinaux si on en prend avec excès).

La vitamine A

Dans l'Égypte ancienne, on conseillait aux personnes ayant des problèmes de vue, notamment au crépuscule, de se baigner les yeux avec du jus de foie frais : une étrange coutume, mais qui améliorait leur vue ! Aujourd'hui, nous savons que les cellules hépatiques sont des chambres de stockage des vitamines. Elles transforment la vitamine A en molécules disponibles pour notre organisme. La vitamine A a été découverte en 1913, quand les scientifiques ont noté des cas inhabituels dans la croissance des rats : nourris exclusivement de graisse de porc, ceux-ci ne grandissaient pas, alors qu'ils se remettaient à croître si on les nourrissait de beurre.

Le rétinol (forme moléculaire active de la vitamine A bien connue en cosmétique) fut isolé plus tard et on découvrit qu'il y en avait aussi dans le jaune d'œuf et dans l'huile de foie de morue. Le fromage, le beurre, le jaune d'œuf, le poisson gras et le foie de veau sont riches en vitamine A. On la trouve dans de nombreuses plantes comme l'épinard, la patate douce, la laitue, la carotte et le chou. Certains fruits en contiennent : la mangue, la papaye et la tomate. Elle est sensible à la chaleur et détruite si les aliments ne sont pas cuits à basse température. Elle assure le rajeunissement des cellules de la peau, des membranes muqueuses et par conséquent des muqueuses du conduit vocal. Elle concerne aussi la croissance et la vue. Un supplément quotidien de 20 milligrammes est recommandé après la cinquantaine.

La vitamine D

La vitamine D est capitale pour le nouveau-né. Sir Edward Mellamby a démontré son action chez les bébés en 1919 en prouvant qu'une déficience en vitamine D était une cause de rachitisme, maladie de la croissance alors très répandue. On utilisa désormais l'huile de foie de morue, riche en vitamine D, pour le prévenir. Les enfants ont besoin de 100 µg par jour, ce qui correspond *grosso modo* à une cuillerée à café d'huile de foie de morue. La vitamine D permet l'absorption de calcium et de phosphore dans le corps, aide à fixer le calcium sur les dents et les os, et facilite la croissance des os. Elle est présente dans le jaune d'œuf, le poisson et le foie. Les céréales, les légumes et les fruits n'en contiennent pas. Les rayons ultraviolets du soleil aident à la synthétiser dans la peau, c'est pourquoi les gens qui vivent dans les pays ensoleillés souffrent peu de son insuffisance.

La vitamine E

La vitamine E est une vitamine fondamentalement antioxydante. Elle piège les radicaux libres, prolonge la vie des globules rouges et améliore la rétention de fer, aidant ainsi à oxygéner le corps. Elle retarde le vieillissement des membranes muqueuses. Ses propriétés antioxydantes protègent l'axe respiratoire. Son action est en synergie avec la vitamine C, le bêta-carotène et la vitamine A, et est détruite à la lumière. On la trouve principalement dans l'huile d'arachide, l'huile de soja et l'huile d'olive, et plus particulièrement dans l'huile de germe de blé. Le besoin quotidien en vitamine E pour que son impact soit satisfaisant est de 200 milligrammes. 400 milligrammes par jour sont parfois prescrits pour augmenter le bon cholestérol et faire baisser le mauvais.

Le groupe des vitamines B

Le groupe des vitamines B est essentiel au développement et au maintien de notre mémoire. On les trouve dans les céréales. Les acides de graisse insaturée contenus dans les huiles végétales renforcent la membrane cellulaire, notamment dans le cerveau. L'expérience a prouvé que le vieillissement cérébral est moins prononcé chez les populations qui mangent beaucoup de poisson riche en vitamine B.

La vitamine F

Elle est connue sous le nom d'acide linoléique. Elle regroupe les acides gras essentiels et diminue le risque d'artériosclérose. On la trouve dans le miel, les amandes et les huiles comme l'onagre bisannuelle. Elle est intéressante pour le cœur.

La vitamine K

Fondamentale pour la coagulation du sang, on la trouve dans le brocoli à un ratio de 100 milligrammes pour 100 grammes.

Les minéraux

Ils sont essentiels pour la voix, et pour l'organisme en général.

Le fer

Le fer est un élément capital contenu dans l'hémoglobine, pigment des globules rouges et protéine des muscles. Il contribue au transport de l'oxygène dans notre corps. L'organisme ne contient qu'entre 3 et 4 grammes de fer, mais cette petite quantité est vitale. Nous en avons un besoin quotidien de 20 à 30 milligrammes, sachant que le fer ingéré n'est pas absorbé en totalité par le corps, et ce besoin augmente avec l'effort ou la fatigue. Chez les athlètes, les taux de fer doivent être suffisants pour permettre les efforts respiratoires et musculaires – et les professionnels de la voix mobilisent 400 muscles... Un supplément mensuel de fer est recommandé pour les femmes aux règles abondantes ou qui souffrent d'endométriose ou d'un adénome dans l'utérus.

Ce minéral est présent dans un grand nombre d'aliments : viande, poisson, œufs et légumes secs (les lentilles en ont une très forte concentration). Les intestins capturent le fer, mais le vin ou le thé accompagnant un repas bloquent son absorption et peuvent entraîner fatigue de la voix et anémie, en particulier pendant la phase prémenstruelle. Le déficit en fer augmente avec l'âge.

Le magnésium

En 1944, un certain M. Kuch, éleveur de bétail de son état et alarmé par la mortalité de ses veaux, l'impute à la mauvaise hygiène de son étable et en construit une nouvelle. Les veaux en lèchent les murs récemment peints et survivent en bonne forme. On découvre alors que la peinture contient du carbonate de magnésium, et c'est là le point de départ de recherches alimentaires sur ce minéral essentiel à l'organisme.

Son absorption est facilitée par la vitamine D et un régime riche en protéines, mais réduite par la consommation d'alcool et de graisses saturées. Il joue un rôle prépondérant dans la formation de l'adénosine triphosphate (ATP), molécule de l'énergie de nos cellules, et dans la protection de notre ADN. Il est nécessaire à notre équilibre musculaire et respiratoire, et l'activité sportive galvanise son influence. Le manque de magnésium aggrave le syndrome prémenstruel avec ses migraines et ses douleurs, et peut causer fatigue, irritabilité et crampes (tétanie).

On trouve du magnésium dans de nombreux aliments naturels : la poudre de cacao, le chocolat noir, les noix (noix de cajou, amandes ou noisettes), le soja et le germe de blé. Le poisson et les huîtres en contiennent une quantité modérée, mais il est très présent dans les algues. Les eaux minérales de Vittel ou de Badoit ont une haute concentration en magnésium.

Le calcium

Il est impliqué non seulement au niveau du tissu osseux (os et dents) et des sécrétions hormonales, mais aussi dans le fonctionnement même des neurones. Il est en outre essentiel pour l'action efficace du cœur, pour la coagulation du sang, pour l'excitabilité neuromusculaire. Notre besoin quotidien en calcium est compris entre 600 et 1 000 milligrammes, et un effort physique de plus de 2 heures peut amener le corps à en perdre 30 %. Le calcium est primordial pour tous les athlètes, y compris les professionnels de la voix, qui sont amenés à transpirer énormément.

Son action est souvent liée à celle de la vitamine D. Notre alimentation en est remplie. L'eau que nous buvons et le fromage sont nos principales sources de calcium. Le lait de vache contient 1 200 milligrammes de calcium par litre, alors que le lait maternel n'en compte que 300 milligrammes. Son insuffisance provoque le rachitisme chez les enfants, alors que chez les adultes, elle amène fatigue et crampes, et plus tard la déminéralisation du squelette (ostéoporose). La plupart des septuagénaires femmes qui ont régulièrement fait du sport peuvent retarder voire éviter l'ostéoporose grâce à la prescription de suppléments de calcium – et d'une thérapie hormonale si besoin. Pour fonctionner de manière optimale, le calcium soit être en équilibre avec le phosphore.

Le phosphore

Il y a à peu près 700 grammes de phosphore dans notre corps. Il agit sur les molécules énergétiques comme l'ATP et ses dérivées. Présent dans le squelette et dans le système nerveux, il est essentiel pour les échanges cellulaires et l'équilibre du phosphocalcique.

Le potassium

De la même façon que le calcium interagit avec le phosphore, le potassium soit être en équilibre avec le sodium. Son rôle le plus important est d'aider à équilibrer les fluides intra- et extracellulaires. Il nous faut moins de 50 milligrammes de potassium par jour.

Le sodium

C'est un minéral indispensable pour l'être humain. Il stabilise et régule les échanges cellulaires et module les réserves de fluides. Il joue de nombreux rôles, non seulement dans les échanges cellulaires, mais aussi dans l'excitation et la contraction myofibrillaire. Nous avons besoin quotidiennement de 10 grammes de sodium. Six minutes après son ingestion, il est absorbé. Il réduit la sudation et facilite la rétention d'eau. En cas de régime trop salé, l'augmentation de la masse hydrique et de la circulation des fluides accroît le risque d'hypertension artérielle ou d'œdème (par exemple des jambes qui gonflent).

L'iode

Le corps contient entre 20 et 50 grammes d'iode, principalement dans la glande thyroïdienne. Cet oligoélément est essentiel pour la synthèse de nos hormones thyroïdiennes. Il contribue grandement à la croissance physique et mentale des enfants. Une carence en iode amène la glande thyroïdienne à croître en un goitre, ce qui affecte immédiatement la voix et le chant. Le goitre interfère sur deux plans : d'abord par la compression exercée par la glande elle-même sur le larynx, ensuite par une distribution réduite d'oxygène aux muscles des cordes vocales. Une carence en iode diminue les capacités mentales et l'endurance physique. Tout excès d'iode est éliminé dans l'urine. On trouve l'iode principalement dans les poissons de mer, les algues et les plantes cultivées au bord de la mer. Des suppléments sont rarement nécessaires.

Autres minéraux

Le *fluor* préserve les dents et le squelette. Il est reconnu pour son action protectrice contre les caries dentaires. On le trouve surtout dans l'eau et le poisson. Pendant l'enfance et après l'âge de 50 ans, 1 milligramme de fluor par jour aide à protéger la denture et la santé vocale. Le *cuivre* est un élément impliqué dans la synthèse de l'hémoglobine. Le *sulfure* agit sur la respiration des tissus. Il accroît nos défenses contre les agressions infectieuses. Le *zinc* est essentiel pour de nombreuses réactions enzymatiques. Il est présent dans le poisson, les fruits de mer, la viande et les œufs. Le besoin quotidien en est de 15 milligrammes.

Prenez des antioxydants !

Il existe deux types d'antioxydants : les indispensables vitamines et minéraux, d'une part, et les oxydants enzymatiques que nous avons déjà dans notre corps, d'autre part. Il existe plusieurs systèmes d'enzymes qui catalysent les réactions pour neutraliser les radicaux libres et les dérivés réactifs de l'oxygène. Ces enzymes constituent des mécanismes de défense endogènes du corps et l'aident à protéger nos cellules contre les dommages induits par les radicaux libres. Elles sont actives grâce à des cofacteurs (sélénium, fer, cuivre, zinc ou manganèse). Un régime alimentaire déficient en oligoéléments (sels minéraux nécessaires en quantité très faible) de ce type peut compromettre l'efficacité de nos mécanismes de défense antioxydants, qu'il faut renforcer avec l'âge.

Énergie et hydratation

Les *glucides* jouent un rôle dans le remplacement de notre carburant musculaire, le glycogène. Prenons un exemple : les chanteurs, en particulier ceux de variété, qui se produisent sur scène accomplissent un réel exploit physique qui nécessite entre 5 et 10 grammes de glucides par kilo de leur poids. Je recommande de prendre une boisson énergisante après un concert ou un effort vocal important. La nutrition liquide est particulièrement recommandée si on transpire beaucoup pendant le spectacle.

Les *lipides* constituent une réserve d'énergie utilisée dans un effort de longue durée, comme lorsque l'on est chaque jour ou chaque nuit sur scène, et pendant plusieurs semaines d'affilée. Comme les glucides, les lipides sont composés de carbone, d'hydrogène et d'oxygène. Ils incluent toutes les graisses comestibles, de deux sortes bien distinctes : les acides de graisse saturée d'origine animale et les acides de graisse poly-insaturée/insaturée, qui se trouvent dans les légumes, les plantes et le poisson. Les graisses saturées favorisent l'athérome, plaque qui peut bloquer les artères et plus spécialement les coronaires, tandis que les graisses (poly-)insaturées ont une influence protectrice sur ces mêmes artères. Les plus connues dans cette dernière catégorie sont les acides à base de noix et les oméga-3. Les lipides produisent deux fois plus de calories que les glucides et les protéines.

Les *protéines* ne constituent pas une réserve énergétique significative, mais ont un rôle structurel : elles aident à préserver les muscles du corps. Elles sont capitales pour une activité physique prolongée. Outre du carbone et de l'oxygène, elles contiennent des composés de soufre et de l'azote. Elles sont essentielles dans la croissance de l'adolescent, le développement du corps de l'adulte et l'équilibre hormonal. Mais surtout, elles assurent un remplacement régulier des cellules qui permet le renouvellement complet de celles-ci, tous les deux à trois mois, neurones exceptés. Elles sont présentes dans de nombreux aliments : œufs, lait, riz, légumes secs (haricots, petits pois, noix), certaines graines et, bien entendu, viande et poisson. Le besoin quotidien en protéines varie avec l'âge. L'atome de nitrogène particulier aux protéines jouant un rôle prépondérant dans la cicatrisation rapide et dans le développement de la musculature, celles-ci aident à réparer rapidement et efficacement les microlésions des fibres musculaires qui peuvent résulter d'un surmenage de la voix.

L'eau. Le corps est composé à 65 % d'eau et tout effort physique le déshydrate, comme tout effort vocal important. La déshydratation engendre l'assèchement du larynx, des difficultés à prendre une profonde inspiration, la disparition de certaines fréquences vibratoires dans les notes aiguës, la perte du vibrato et de la tonalité. La contraction du muscle provoque l'oxydation cellulaire et 75 % de cette énergie chimique sont transformés en chaleur, laquelle affleure à la surface par les vaisseaux sanguins et permet de transpirer. Dans ce cas, la perte hydrique est évidemment plus importante et il faut la compenser en buvant de l'eau ou une boisson énergisante.

Les huiles essentielles et autres traitements naturels

Ils sont efficaces pour traiter la laryngite, la fatigue vocale et le reflux.

L'huile de *menthe poivrée* favorise la bonne santé de la fonction respiratoire et une respiration claire, et soulage un trouble occasionnel de l'estomac. On la trouve dans des chewing-gums, excellents pour s'éclaircir la gorge. Elle est également recommandée pour certaines allergies, l'enrouement, la toux sèche. Elle agit comme un expectorant. La dose à prendre est d'une ou deux gouttes dans un verre d'eau (on peut aussi boire une infusion de thym) deux à trois fois par jour pendant trois jours. On peut s'en appliquer une ou deux gouttes sur la peau de la poitrine et du cou.

L'huile de *citron* nettoie naturellement le corps et aide à la digestion, tout en renforçant le fonctionnement d'une respiration saine. Par ses qualités antioxydantes, elle apaise la gorge irritée. On peut en ajouter quotidiennement une ou deux gouttes à un verre d'eau, une tasse de thé ou la mélanger avec du miel naturel le matin.

L'huile de *lavande*, à appliquer le soir, relâche elle aussi la tension musculaire au niveau du cou pour éviter l'inflammation et la crispation de ses muscles.

Le *vinaigre de cidre* équilibre les niveaux d'acide dans l'estomac en y abaissant le pH. Il produit des enzymes et des probiotiques qui améliorent notre capacité à digérer la nourriture. Il est conseillé de boire deux fois par jour deux cuillerées à soupe de ce vinaigre dans un verre d'eau en cas de reflux gastrique associé à une laryngite et à une sensation de sécheresse des cordes vocales.

Le *gingembre* aidera à apaiser la muqueuse enflammée du larynx, le gonflement et la douleur des cordes vocales. La manière la plus simple est de l'incorporer régulièrement dans l'alimentation ou de boire une tasse de thé au gingembre.

Le *miel* est l'une des plus anciennes médications pour le traitement de nombreuses affections, notamment respiratoires. Le miel naturel est antibactérien et antifongique et il favorise une activité antioxydante. Il conserve un environnement humide, ce qui aide à apaiser l'irritation. Je le prescris systématiquement avec une infusion au thym et une cuillerée à café de beurre salé. Cela permet une excellente lubrification des cordes vocales et diminue leur fatigue, surtout en période prémenstruelle.

L'infusion de *camomille* apporte une aide importante dans le traitement du reflux, du syndrome prémenstruel et des colopathies.

Le *chewing-gum*, qui augmente la salivation, aide à diluer l'acide de l'estomac. La déglutition qui accompagne la mastication aide aussi à éviter les reflux. Mais le chewing-gum à la nicotine dessèche la gorge.

Conseils pour la laryngite et le reflux

- Boire beaucoup d'eau.
- Utiliser un humidificateur ou vaporisateur.
- Manger de plus petites portions et dîner à distance du coucher.
- Boire une infusion de feuilles de sauge ou de thym, 1 à 2 tasses par jour.
- Pour les gargarismes, concocter un thé tiède aux feuilles de ronce.
- Une cuillerée de miel naturel avec 2 à 3 gouttes de teinture de bâtons de cannelle est un remède ancien pour soulager la « boîte vocale ».
- L'inhalation de vapeur peut aussi être bénéfique.
- Utiliser les huiles essentielles de bergamote, d'eucalyptus, de niaouli, de géranium ou de lavande. Verser 2 à 3 gouttes de chacune avec de l'eau bouillante dans un inhalateur, inspirer par le nez et, en expirant, faire des sons bouche fermée pendant 5 à 10 minutes. Cela a un effet relaxant pour les cordes vocales et les sinus.
- Autre inhalation recommandée matin et soir en cas de fatigue vocale : mettre dans de l'eau très chaude 250 milligrammes de cinéole ou d'eucalyptol, 25 milligrammes de terpinéol, 50 milligrammes d'huile de pin, 250 milligrammes d'huile de thym et 50 milligrammes d'huile de romarin, et inhaler pendant 5 à 10 minutes en fredonnant.

Le bien-être

L'exercice, à pratiquer régulièrement, au moins 3 fois par semaine, pendant 45 minutes, consiste à marcher, avec une bonne verticalité, tête haute, épaules relâchées, respiration bien rythmée. Ce conseil très simple assure une performance vocale optimale. Il est souhaitable de pratiquer un sport qui sollicite la respiration (natation, exercices abdominaux, vélo, jogging, rameur) et est adapté aux capacités de chacun. La natation stimule tous les muscles du corps sans qu'il soit assujetti aux lois de la gravité : dans cet environnement à moindre pesanteur qu'est l'eau, les vertèbres cervicales, dorsales et lombaires se relâchent. Le crawl ou la nage sur le dos allongent les muscles naturellement. La brasse développe les pectoraux et la cage thoracique supérieure, et oblige à contrôler parfaitement son expiration, comme pendant la voix parlée ou chantée. Certains sports sont à éviter, voire contre-indiqués, en particulier ceux qui, comme l'haltérophilie, font appel aux muscles du sphincter du larynx quand il doit supporter une poussée abdominale violente. Soulever des poids hypertrophie les bandes ventriculaires situées juste au-dessus des cordes vocales dans le larynx et peut abîmer celles-ci et vous donner la voix de Louis Armstrong.

Le sport peut se pratiquer passivement (par exemple au sol, allongé, en levant les jambes tout en restant immobile) et activement (par exemple en pédalant). Il en est de même pour le chant. Chanter bouche fermée (« mmm ») à différentes fréquences est un entraînement passif pour les muscles du pharynx et du larynx : il est impossible ainsi de blesser ou déshydrater ses cordes vocales. On passera ensuite au mode actif, ce qui amènera les muscles à émettre des voyelles pour soutenir le chant, la parole ou la prosodie en faisant des vocalises sur le *i* et le *a*. Passer des notes graves aux notes aiguës fait jouer les muscles agonistes et antagonistes. En pratiquant des occlusives glottales (série de « ke-ke-ke »), on fait travailler tous les muscles du pharynx et de la bouche. Les muscles abdominaux et thoraciques contrôlent la puissance de la voix, en d'autres termes l'expiration. Ils permettent une excellente stabilité et protègent de l'incident vocal.

Il est important d'avoir une bonne perception individuelle de son travail musculaire vocal. Dans un premier temps, de même qu'un coach sportif peut aider à développer harmonieusement ses muscles, un professeur de chant apprend à placer sa voix, la projeter et la contrôler. On peut crier, mais il faut savoir comment, cela s'apprend. Et il faut écouter son corps, la douleur étant bonne conseillère.

Le respect de la chronobiologie

Nous sommes tous des mammifères d'abord et des êtres humains ensuite. Nous sommes sensibles et chacun de nous réagit différemment aux stimulations, en fonction de la durée dans le temps, de l'âge, de l'environnement climatique et social et de l'endroit : c'est ce qu'on appelle la chronobiologie. Certains professionnels de la voix préfèrent chanter, enseigner ou jouer à la fin de la journée. Cela tient à notre cycle hormonal quotidien qui implique cortisone, hormones thyroïdiennes et mélatonine.

La cortisone culmine deux fois par jour dans notre organisme, augmentant notre tonus musculaire : à l'aube vers 5 heures du matin (c'est pourquoi la grasse matinée est contre-productive) et en fin d'après-midi. Les sécrétions hormonales de l'hypothalamus augmentent à l'aube, stimulant la thyroïde, tout comme la synthèse des protéines. Une sieste après le déjeuner peut être bénéfique, mettre en forme et permettre une excellente performance le soir.

La mélatonine régule nos cycles d'éveil et de sommeil. Les chanteurs qui voyagent beaucoup et traversent plusieurs fuseaux horaires peuvent ajuster le cycle journalier de leurs sécrétions hormonales en prenant des pilules de mélatonine, hormone sécrétée par la glande pinéale qui est régulée par l'alternance de la lumière et de l'obscurité.

Respecter son cycle de sommeil est le gage d'une bonne santé et d'une bonne immunité. Chacun de nous possède une horloge biologique interne très personnelle. Nous devons dormir en fonction de notre rythme. Le sommeil profond correspond à la phase de régénération du sommeil, un moment où le pouls et la respiration sont réguliers et les muscles relâchés. Il représente en moyenne 80 % du sommeil total. Le sommeil paradoxal apparaît dans la seconde moitié de la nuit quand on rêve et que l'on bouge par saccades avec un pouls plus rapide. Il est impératif pour notre bien-être, plus particulièrement chez les femmes adultes. Il améliore la mémorisation des données acquises pendant la journée précédente. Sommeil paradoxal et sommeil profond alternent au cours de la nuit, trois à quatre fois sur un laps de temps de cinq à neuf heures, en fonction de chacun. Le sommeil profond est une caractéristique commune à tous les animaux, alors que le sommeil paradoxal n'existe que chez les oiseaux et les mammifères.

La voix prend-elle de l'âge ?

Rajeunir la voix des personnes âgées est une pratique relativement nouvelle. Cela constitue aujourd'hui 15 % de mon travail, contre à peine 5 % il y a vingt ans. Nous sommes dans le monde de la communication, notamment téléphonique, et la voix est un atout à ne jamais négliger. Notre voix prend de l'âge, tout comme notre corps. Vieillir est une évolution naturelle et biologique, mais l'isolement vocal conduit à l'isolement social, et il est essentiel de rester en phase avec le monde extérieur. Si l'espérance de vie était de 70 ans chez la femme dans les années 1960, de nos jours elle est plus proche de 85 ans. Le remède le plus efficace est la stimulation des autres et de soi-même. L'activité vocale en est le facteur capital. Si vous vous isolez du monde extérieur vocal vous allez déprimer, souvenez-vous de l'histoire de l'empereur Frédéric de Hohenstaufen. Un retraité de 65, 70 ou 90 ans va davantage dépérir de l'isolement vocal et social que de son âge.

L'audition

L'écoute de l'autre et de notre propre voix est essentielle à la qualité de notre émission vocale. Tous les professionnels de la voix devraient régulièrement vérifier leur audition pour tester l'absence de surdité partielle. C'est en écoutant sa propre voix correctement qu'on la contrôle, qu'on évite de la forcer et que l'on conserve un timbre satisfaisant. Il ne faut pas hésiter à corriger un déficit de l'audition avec un appareil auditif : les prothèses auditives sont très bien tolérées maintenant et, dans la plupart des cas, elles aident les professionnels de la voix à rétablir un équilibre correct entre leurs fonctions vocales et auditives. En stimulant le circuit audiophonatoire, un appareil auditif contribue à stimuler l'axe auditif, à préserver les neurones, à garder son écoute en éveil.

Les dents et la voix vieillissante

Le larynx, notre instrument vocal, ne peut être la cause de tout. La sphère dentaire est indissociable du processus de vieillissement vocal, même si on l'ignore souvent. Perdre des dents cause un abaissement des lèvres supérieure et inférieure, qui ont tendance à se pincer. Notre mâchoire est profilée comme un fer à cheval, avec un angle spécifique de 90 degrés entre sa partie horizontale et ses deux parties verticales. À droite et à gauche, elle s'articule avec la base du crâne. Cette partie osseuse est très solide. Quand les dents tombent, l'angle passe à 120 degrés et donne un « profil de vieux » qui change le visage. Les mandibules

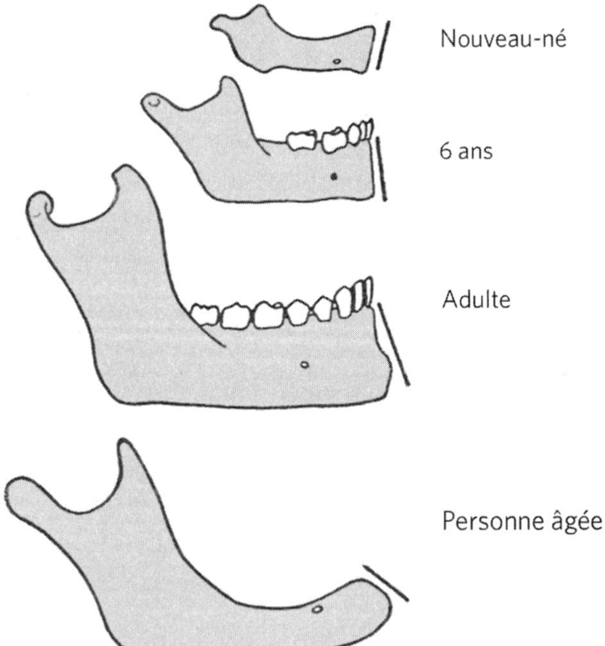

Angle du menton au cours de la vie : la caisse de résonance change.

semblent écrasées sous le crâne, le nez s'affaisse jusqu'au niveau de la lèvre supérieure et la voix devient particulière. Elle a complètement changé de résonance. Notre denture est la porte de notre voix.

Il est capital de maintenir ses dents en un ensemble efficace et de recourir à des implants pour assurer aux lèvres la possibilité de reposer sur une surface satisfaisante. On évite ainsi la dégénérescence osseuse des mandibules, on conserve une voix bien placée et la plasticité de ses chambres de résonance. Toutes ces composantes ont, comme nous l'avons vu, un rôle fondamental sur les harmoniques, les formants et le timbre de la voix.

Maintenir en forme ses muscles et ses neurones

Avec l'âge, majoritairement chez la femme, on constate fréquemment une baisse de la sécrétion des hormones thyroïdes, qui génèrent l'énergie des muscles et hydratent l'organisme. La clé pour préserver une voix jeune est de prendre au sérieux l'exercice physique, l'hydratation et la lubrification des cordes vocales, le soin apporté à son hygiène dentaire, son activité musculaire, son régime alimentaire, avec une thérapie hormonale appropriée. Chanter de manière assidue aide à l'équilibre entre la raison et l'émotion et contribue à la réactivation ou au maintien de nos facultés cognitives. Pour conserver une belle voix l'âge venant, il faut apprendre les textes de chansons que l'on aime par cœur. Cela permet de stimuler le cerveau, la mémoire et l'imaginaire. Si à cela vous ajoutez la danse ou une marche rythmée, vous stimulez votre corps, votre synchronisation et votre harmonie gestuelle.

Les muscles de nos cordes vocales et de nos résonateurs sont des muscles striés. Avec l'âge, mais surtout en cas d'exercice physique insuffisant, ils diminuent de volume, de force et les fibres musculaires deviennent des fibres qui se transforment en cellules graisseuses. La voix devient fluette et perd de sa puissance. Je connais bon nombre d'enseignantes qui, une fois à la retraite, passent beaucoup moins de temps à parler. Leurs cordes vocales ne sont plus stimulées. La machinerie enzymatique des ATP (la molécule qui produit l'énergie de nos muscles), la myosine (la protéine des muscles en est faite) et la mitochondrie ne sont plus sollicitées. En conséquence, le vieillissement musculaire est inéluctable. Avec l'âge, les premier et deuxième formants des chanteuses professionnelles s'affaiblissent, surtout chez les femmes n'ayant pas de traitement hormonal substitutif. En voix chantée, le vibrato (sept fois par seconde) devient un trémolo (quatre à cinq fois par seconde). Cela devient une voix hachée dans le chant avec des tremblements. À 60 ans, près de 72 % des patientes qui n'ont pas suivi une thérapie de remplacement hormonal, qui ont arrêté d'être actives vocalement, présentent une asthénie vocale. L'énergie de la voix est intimement connectée avec notre respiration. Nos poumons faiblissent progressivement avec l'âge. Chez les personnes qui n'ont pas d'activité physique, l'efficacité des bronches diminue à peu près de 40 % entre 40 et 80 ans. Parfois, la raideur des vertèbres thoraciques perturbe l'élasticité de la cage thoracique. La puissance de la voix est notre respiration. Elle ne doit pas manquer d'entraînement.

Recommencer une activité sportive doit se faire très progressivement et avec régularité. L'organisme humain est exceptionnel dans sa force de récupération ; il retrouve presque toujours un niveau de forme satisfaisant.

Avec l'âge, il y a une baisse fréquente de la sécrétion des hormones thyroïdiennes, ces hormones qui génèrent l'énergie des muscles et qui hydratent l'organisme. Dès la soixantaine, prendre soin de sa voix et de soi-même est indispensable. Si ce n'est pas le cas, le registre vocal va se restreindre, le timbre perdre de la couleur et devenir métallique. Pour éviter ces changements, il faut adopter un style de vie sain régulier, prendre des antioxydants, des vitamines C et E, des oligoéléments, des minéraux comme du magnésium et conserver des activités physiques et intellectuelles comme nous l'avons déjà dit.

Il y a trente ans, on s'occupait peu de la voix qui vieillit ; de nos jours, c'est chose courante. La demande de conserver une voix tonique et jeune est constante. Nous vivons dans le monde de la communication, surtout téléphonique. La voix de la femme est un atout à ne jamais négliger. En prendre soin semble une nécessité absolue au XXIe siècle. L'âge de la population a augmenté sur le plan de l'état civil, mais, physiologiquement, le décalage est impressionnant. De nos jours, une femme de 70 ans en paraît à peine 55. L'entretien de soi, les contacts et la stimulation des autres en sont l'une des principales raisons. La clé pour préserver une voix jeune est de prendre au sérieux l'exercice physique, l'hydratation et la lubrification des cordes vocales de même que le soin apporté à son hygiène dentaire, son activité musculaire, son régime alimentaire, qui inclut une médication antireflux, la prise de suppléments vitaminés et de minéraux ainsi qu'une thérapie hormonale appropriée si nécessaire et en l'absence de contre-indications.

Le paradoxe de la voix féminine qui vieillit

Tandis que la femme avance en âge, son nouvel équilibre hormonal, avec l'absence d'œstrogènes et la très légère sécrétion de testostérone, n'est plus capable de maintenir la tonicité et la vigueur de ses muscles des cordes vocales. Quelles en sont les conséquences ? Les deux cordes vocales s'atrophient progressivement. La membrane muqueuse qui les recouvre s'amincit et se déshydrate. Dans un premier temps, la voix dispose d'un registre plus étroit, ses harmoniques élevés sont perdus, elle est moins puissante et se fatigue plus vite.

Paradoxalement, comme la corde vocale s'amincit, la voix, qui était devenue un peu plus grave au fil du temps, se fait désormais plus haute, plus frêle et parfois même stridente. Il n'est pas rare d'entendre une femme de 80 ans parler d'une voix haut perchée. Cet état de choses peut être corrigé par de l'orthophonie, une thérapie vocale et des leçons de chant. En de rares occasions (5 % des cas), la phonochirurgie permet de redonner du volume aux cordes vocales en leur injectant une substance qui assurera à la voix une endurance raisonnable, un meilleur timbre et une récupération des graves. Le produit injecté est le plus souvent, comme dans les rides, de l'acide hyaluronique.

Voici pour conclure ce chapitre quelques recommandations générales pour être « bien dans sa voix » comme on l'est dans sa peau :

1. Évitez la cigarette.
2. Gardez un poids raisonnable.
3. Apport de vitamines D, B, C.
4. Ayez un régime alimentaire avec les bonnes calories
5. Faites régulièrement de l'exercice, au minimum trois fois une heure par semaine.
6. Dormez suffisamment.
7. Maintenez des relations sociales, stimulation indispensable à notre équilibre.

8. Chantez et écoutez de la musique tous les jours.
9. Riez, cela permet aussi de sécréter des endorphines.

Les professionnelles de la voix possèdent un formidable trésor. Le préserver est simple si on suit le conseil d'Hippocrate : « Votre régime alimentaire est votre premier remède. »

PARTIE IV

LA VOIX SE REBELLE

CHAPITRE 10

Les castrats

Voix d'homme ou voix de femme ?
Le castrat

Quelle incroyable « histoire d'amour de la voix » entre la science et la religion ! La voix du castrat est-elle féminine ? Est-elle une voix de femme ou bien une voix de fausset ?

Elle intrigue. Cette voix chante comme une femme cependant quelque chose d'étrange se glisse dans ce timbre ambigu. Voix aujourd'hui disparue, la voix de castrat, souveraine pendant près de quatre siècles, a régné dans les palais, les églises, les théâtres et les Opéras. Elle s'adapte à tous les rôles ou presque et connaît son apogée à l'époque baroque au XVIIe et au XVIIIe siècle. Cette voix féminine, sa puissance, son timbre et ses harmoniques ont suscité l'enthousiasme admiratif de la noblesse, de l'Église et du peuple. Du monde religieux catholique à l'Opéra qui leur a donné ses lettres de noblesse, ces artistes ont marqué les arts lyriques. Leur influence n'a jamais cessé, en particulier sur les voix actuelles de contre-ténor.

Les premiers castrats chantent à la chapelle Sixtine en 1562 et Alessandro Moreschi fut le dernier castrat à faire entendre cette voix insolite en 1903. Le pape Léon XIII interdit formellement et définitivement la présence des castrats dans l'Église, que ce soit pour interpréter de la musique sacrée, chanter de la musique séculière ou de l'opéra. L'âge d'or et l'indéfectible popularité des castrats s'expliquent par la puissance de ces voix auxquelles ils ont sacrifié leur vie sexuelle : la voix était leur existence, leur destin. Ce qui nous reste de données objectives aujourd'hui, ce sont des rapports écrits et un enregistrement réalisé en 1904 sur cylindre en cire où l'on peut entendre le castrat Alessandro Moreschi, qui avait un registre vocal de 3 à 4 octaves. Il pouvait tenir la note deux minutes et travailler sa voix près de huit heures durant.

Tout a commencé en 1688 lorsque le duc de Mantoue en visite à Rome assiste à une grand-messe. Le soir même, sur l'invitation du pape Innocent XI, le duc assiste auprès du pape au concert donné par la cantatrice Angela Voglia, dite la Giorgina, accompagnée par un castrat. Elle fait une performance vocale superbe. Cette femme subjugue le duc, qui tombe sous le charme de sa voix sensuelle. À la fin du concert, le pape lui demande ce qu'il a le plus apprécié à Rome et le duc répond sans détour : « La Giorgina et sa voix si séduisante. » Outré de cette réponse, le pape décide d'exiler la cantatrice et de l'enfermer dans un couvent. Elle réussit à quitter Rome juste avant que les hommes de main du pape ne l'arrêtent. Dès lors, Innocent XI décide d'interdire aux femmes de chanter dans les églises et d'apparaître en public. Le pape Clément XI étendit plus tard cette interdiction à toute la chrétienté : « Aucune personne du genre féminin n'est autorisée à apprendre la musique dans le but d'utiliser ses connaissances musicales pour devenir chanteuse. Car l'on sait fort bien qu'une jolie femme qui chante sur scène et qui prétend néanmoins préserver sa vertu peut être comparée à quelqu'un qui désire se jeter dans le Tibre sans se mouiller les pieds. » Cette interdiction allait encore plus loin que la sentence de saint Paul dans sa première épître aux Corinthiens (XIV : 33-35) « *molieres taceat in ecclesia* », qui défendait aux femmes de chanter dans les églises. La porte était ouverte au triomphe des castrats.

L'Occident découvrit les premiers castrats au XVe siècle. Venus d'Orient, ils se firent un nom dans l'Église avec le chant grégorien qui demande un registre si élevé que peu de chanteurs peuvent le tenir. De plus, cela requiert une maîtrise parfaite de l'élocution, étant donné que plus le registre est haut, plus il est difficile de prononcer les paroles. Ces voix asexuées, inhabituellement hautes, avec une tessiture suprême, étaient rares parce que trop coûteuses à engager, de même que les castrats venant d'Espagne. C'est ainsi qu'en 1592 le pape Clément VIII encouragea la castration de jeunes garçons pour que, une fois adultes, ils puissent conserver leur voix angélique et haut perchée, avec beaucoup d'amplitude. Les castrats furent d'abord engagés exclusivement pour chanter de la musique liturgique, puis l'Opéra leur ouvrit ses portes.

La réputation de Farinelli, la star des castrats, a traversé les siècles. Son vrai nom était Carlo Broschi. Italien, né le 24 janvier 1705 près de Bari, dans le royaume de Naples, il suivit l'enseignement du fameux Nicola Porpora. Sa voix lyrique hors norme par sa puissance et son registre le fit connaître dans toute l'Europe. Il passa quelque vingt-cinq ans à la cour du roi d'Espagne Philippe V où il obtint un succès extraordinaire grâce à la variété époustouflante de son répertoire et un registre unique pour l'époque. Il possédait près de 5 octaves. Il avait été castré à l'âge de 9 ou 10 ans, avant la puberté. Alibi ou pas, on a évoqué un accident de cheval. Toutefois, on ne peut exclure la cupidité comme l'une des motivations de son père étant donné que les castrats gagnaient énormément d'argent. D'autant plus que, jeune garçon, il possédait une voix de soprano exceptionnelle. Cependant, la raison de sa castration n'a jamais pu être formellement établie. C'est ainsi que Carlo Broschi devint Farinelli.

Le castrat, voix disparue, a donné naissance à des vibrations et des harmoniques hors du commun. Comment ce phénomène vocal a-t-il été possible ? Malgré l'absence d'hormones mâles, le chanteur dit « castrat » était capable de développer une puissance vocale d'homme. Son intensité, sa capacité pulmonaire étaient masculines alors que sa voix allait chercher des notes suraiguës dignes d'une soprano colorature. Le castrat est XY sur le plan chromosomique, c'est un homme. Que va entraîner la castration ?

Nous avons vu que la voix est sous l'influence de nos hormones sexuelles, les androgènes pour l'homme, les œstrogènes et la progestérone pour la femme. Mais la voix est également soumise à notre patrimoine génétique, XY chez l'homme, XX chez la femme. Fait capital : ces éléments hormonaux n'apparaissent qu'après la puberté et donc la voix de l'enfant restera « féminine, voix de l'ange, asexuée » si, et seulement si, la castration chez l'homme est effectuée avant la puberté. En effet, si la castration a lieu après ou pendant la puberté, la voix sera une voix d'homme, car la testostérone appose son empreinte définitive et irréversible sur l'organisme du jeune garçon à ce moment précis de son évolution : les muscles, les cartilages et le cerveau ! À tel point qu'une femme qui serait amenée à prendre des hormones mâles verrait son timbre vocal se masculiniser définitivement.

La voix du castrat est-elle asexuée ? Le castrat n'a jamais mué. Il garde sa voix d'enfant, comme le diront les journalistes de l'époque de Farinelli, mais sa morphologie est celle d'un adulte. Il conserve ses harmoniques aiguës avec une composante et une chaleur des harmoniques graves de l'homme adulte.

Alors, que se passe-t-il ? Farinelli n'a plus d'hormones mâles, il développe une puissance vocale masculine, une intensité et un souffle disproportionnés par rapport à l'aigu qu'il peut produire. En fait, s'il n'existe plus d'impact de la testostérone, toutes les cellules de son corps ont l'information sexuelle par le chromosome Y.

Farinelli en 1755, par Corrado Giaquinto.

L'environnement hormonal secondaire à son sexe chromosomique XY persite. Il est constitué de plusieurs hormones non sexuelles. Ce sont les hormones thyroïdiennes, les hormones corticostéroïdes, les hormones de croissance. Édouard Fournier, laryngologiste, établit en 1866 la description des cordes vocales du castrat de façon étonnante pour les moyens de l'époque. Le laryngoscope venait d'être inventé. Le larynx du castrat est plus petit que celui d'un homme. « Le cartilage thyroïde est plus mou, se laissant facilement déprimer avec les doigts. La pomme d'Adam est à peine visible et non calcifiée. Le cou est long et fin. L'intérieur du larynx est très étroit. Les cordes vocales sont minces et de diamètre décroissant d'arrière en avant. Ainsi la corde vocale comparée à un ruban est large en arrière, mince en avant, ce qui n'est pas habituel. Cette configuration glottique prédispose de manière remarquable à l'art de chanter dans les aigus de façon naturelle. On note la finesse de la musculation des cordes vocales et du pharynx. » Telles sont les informations que ce laryngologiste – et collègue – nous a rapportées. On note l'effet secondaire à l'absence d'impact de la testostérone.

L'hormone de croissance et l'hormone thyroïdienne, dont les sécrétions sont plus importantes chez XY que chez XX, qui ne sont pas liées aux testicules mais à des glandes spécifiques, gardent leurs rôles dans l'énergie, la puissance et le gabarit morphologique du castrat. Ces différentes caractéristiques forment un individu hybride. Son énergie et son apparence sont celles d'un homme mais il a des muscles longs et fins de femme. L'aspect est parfois gynoïde. On saisit mieux l'association du timbre féminin (absence de testostérone) et de la puissance vocale masculine (présence élevée des hormones de croissance et des autres). Farinelli, virtuose de la technique vocale, est à la fois voix de fausset et de haute-contre. Il peut tenir une note pendant plus de deux minutes sans effort apparent alors qu'un chanteur professionnel présente un temps phonatoire d'une note tenue rarement supérieur à quarante-cinq secondes. Ainsi, on observe une puissance et une réserve de souffle impressionnantes pour faire vibrer les cordes vocales. Les caisses de résonance, elles aussi, subissent l'imprégnation hormonale et expliquent donc pourquoi ces harmoniques si envoûtants séduisent surtout les femmes, qui s'évanouissaient dans la salle, tout comme les groupies actuelles à L'Olympia. La beauté de la voix repose sur l'association des harmoniques aiguës avec pour support et toile de fond des harmoniques graves. Ici, le castrat nous trompe. Il conserve sa voix de sopraniste d'enfant avec un registre vocal étendu de 5 octaves. Il peut enchaîner avec une aisance impressionnante trille et cascades et passer des graves aux aigus en un quinzième de seconde. Cette souplesse des muscles de la voix est naturelle.

Cependant le castrat est otage de sa voix ; il ne jouit d'aucune liberté. Sa vie est dédiée à son art. Ne dit-on pas des castrats qu'ils sont un « troisième genre » ? Farinelli sacrifia son corps pour sa voix.

Cette voix disparue de Farinelli, comment la retrouver ? L'engouement du public pour Farinelli fut ravivé par le film de Gérard Corbiau réalisé en 1994. Ce dernier s'était adressé à l'Ircam (Institut de recherche et coordination acoustique/musique) lors de la phase de postproduction pour recréer la voix de castrat. Ce fut une prouesse technique que de donner une impression réaliste de cette voix disparue. Corbiau créa la voix de Farinelli en fusionnant deux voix par la magie de la technique : celle du contre-ténor américain Derek Lee Ragin avec celle de la colorature polonaise Ewa Malas-Godlewska. Ce fut une association de génie. Elle s'avéra une association incroyable, notamment parce que, au grand étonnement de tous, elle était le contraire de ce que l'on attendait : la voix haute était chantée par un homme, le contre-ténor, et la voix basse par une femme, une soprano lyrique ! Grâce à cette voix « surnaturelle », le prodige vocal du XVIIIe siècle naquit de nouveau. Le film fut un succès auprès du public, suggérant ainsi que la fascination pour ces voix extrêmes n'avait rien perdu. L'exaltation de la séduction, l'attrait des vibrations, le jeu des harmoniques : voilà ce qu'englobait la voix du castrat, voix cristalline d'un exceptionnel registre.

Et une voix de femme détrôna celle des castrats

Cette voix de femme, ce fut celle de Maria Malibran, cantatrice espagnole, née le 24 mars 1808. Elle était la sœur de Manuel Garcia junior, à qui l'on doit l'invention du laryngoscope et qui le premier visualisa la voix humaine. Maria Malibran mourut à l'âge de 28 ans. À la fois contralto et soprano, elle fut l'une des chanteuses d'opéra les plus réputées du XIXe siècle. Des comptes rendus de son époque décrivent sa voix comme douée d'un registre, d'une puissance et d'une flexibilité surprenantes. Les gens ne voulaient plus de la voix du castrat mais bien de la voix d'une femme. La mode des castrats était passée. Après un détour par le chant classique, puis après avoir largement attiré l'attention sur la scène de l'Opéra et ce pendant plusieurs siècles, les castrats s'en retournèrent dans le giron de l'Église catholique jusqu'en 1904.

Maria Malibran dans le rôle de Desdémone (*Otello* de Rossini) en 1828.

CHAPITRE 11

Le transgenre femme

La voix reflète intimement notre personnalité et quand on parle du genre vocal, il s'agit d'un comportement social associé à un langage non verbal. Aujourd'hui, au XXIe siècle, l'apport de la génétique et de l'épigénétique a bien montré l'influence de notre environnement et de notre comportement sur notre monde biologique, nos cellules et notre ADN.

L'identité de sexe est donnée à la naissance et définie par nos chromosomes sexuels : XX pour les femmes, XY pour les hommes. C'est le sexe biologique qui est noté dans notre état civil. Mais leur application ne conditionne pas nécessairement la vie sexuelle d'un individu, ni la manière dont il se situe en tant que personne. Il peut donc y avoir conflit entre le sexe génétique et le genre. Pour la personne transgenre, son identité sexuelle psychique ne correspond pas à son sexe biologique.

Que définit-on comme le genre ?

Le *cisgenre* femme signifie que le sexe génétique et le genre sont le même.

Le *sexe* est déterminé par un ensemble d'attributs biologiques retrouvés chez les humains et chez les animaux. On l'associe principalement à des caractéristiques physiques et physiologiques, les chromosomes, l'expression génique, la fonction hormonale, l'anatomie de l'appareil génital. On décrit généralement le sexe en termes binaires, « femme » ou « homme ».

Le *genre* est déterminé par les rôles, les comportements, les expressions et les identités construits socialement pour les filles, les femmes, les garçons, les hommes et les personnes de diverses identités de genre. Il influence la perception des autres. Or certains ne s'admettent pas tels qu'ils sont. Leur comportement est une distorsion entre l'apparence et leur façon d'agir et d'interagir, et la répartition du pouvoir et des ressources dans la société est envisagée de manière différente. Jusqu'à présent, on a décrit le genre également en termes binaires (fille/femme ou garçon/homme).

Le *transgenre femme* signifie que le sexe génétique est XY (homme) mais le genre est femme.

Le *transgenre homme* signifie que le sexe génétique est XX (femme) mais que le genre est homme.

Le *troisième genre.* La Haute Cour australienne vient de légaliser la neutralité sexuelle : l'existence d'un troisième genre, ni masculin ni féminin, mais neutre. Le 2 avril 2014, le tribunal a déclaré qu'« une personne ne peut être ni un homme ni une femme ». Les Australiens peuvent désormais s'inscrire sous le type « non spécifique ». Norrie May-Welby, alors transsexuelle, puis « she-he », ne se reconnaît pas comme une femme ou un homme.

Voix de femme/voix d'homme

D'une manière générale, la différence entre les voix des hommes et celles des femmes est la hauteur, mais ce n'est pas le seul facteur. La différence entre la voix masculine moyenne et la voix féminine moyenne est d'une demi-octave, à peine 4 tons. Ce n'est pas la hauteur de la voix qui fait qu'une femme sonne féminine, mais sa résonance ! Marlene Dietrich, Lauren Bacall ou Annie Girardot, qu'ont-elles en commun ? Elles ont toutes des voix très graves. Leur voix est moins forte que celle de la plupart des femmes, mais la tonalité est dite « masculine ». En les écoutant à la radio ou dans un film, nous ne les prendrions jamais pour des hommes. Ce sont des voix féminines très sexy. La voix et la communication sont des aspects cruciaux dans notre vie quotidienne. Au sein de la communauté transgenre, la voix est souvent mise en avant. L'incompatibilité entre l'identité de genre et le style de voix est conflictuelle. Les aspects du langage et de la communication sont étroitement liés au genre et à la culture. Jouer avec la voix lui donne la dynamique et du reflet. Les fréquences graves et aiguës, la prosodie, le rythme, les silences entrent en jeu. Dans la forme du discours, les femmes obtiennent de bien meilleurs résultats que les hommes. Pour mieux comprendre ce qui constitue une voix masculine et une voix féminine, il y a un certain nombre de facteurs à prendre en compte.

La tonalité est un indicateur fort de la voix féminine : celle-ci a un pas moyen de 180 hertz dans une plage d'environ 140 à 300 hertz, sachant que 225 hertz est la fréquence moyenne du transgenre femme. Augmenter la hauteur de la gamme féminine ne signifie pas nécessairement qu'un auditeur perçoit que la personne qui parle est une femme. *La résonance a une implication importante.* Chez les femmes transgenres ayant subi la puberté masculine (des hommes devenus femme après l'âge de 18-20 ans), les caisses de résonance sont de taille supérieure à celle des femmes non transgenres.

Des empreintes vocales différentes

Les femmes transgenres (hommes devenus femmes) présentent un plus grand nombre de schémas d'intonation ascendante et une gamme de demi-teintes plus large dans la voix parlée que les autres groupes. Tout comme on peut avoir un dialecte, un accent très prononcé, des tournures de phrase différentes, il existe un dialecte féminin qui transcende les langues et les cultures. Pour obtenir une efficacité vocale et faire résonner comme une voix de femme, la phonation de « fluide » de la voix ajuste le souffle et tous les paramètres que nous venons de mentionner. La thérapie par résonance orale augmentera la féminité en modifiant la résonance pour se rapprocher de la résonance féminine avec une augmentation spontanée de la souplesse et de la tonicité dans le discours.

Le pouvoir de la voix est utilisé différemment chez les hommes et chez les femmes. Il y a des mots « masculins » et des mots « féminins » dans notre vocabulaire. Cela vaut également pour la grammaire : la voix masculine ou féminine a beaucoup à voir avec le pouvoir de « vendre » son idée avec l'intonation. Quand on agence les mots, la phrase va sonner homme ou femme ; ce n'est pas le même « libellé ». La ponctuation a changé. L'ordre des mots ainsi que les modificateurs et les parenthèses changent. Les résonances sont les indices de la voix féminine.

Pour les femmes transgenres (hommes devenus femmes), le point fondamental est la résonance de la hauteur que vous avez. Les résonances enveloppent la voix qui prend de la hauteur et lui assignent le timbre. Toutes ces données sont importantes. Utiliser la gamme et jouer avec elle en mettant l'accent sur la voix parlée apporte une signification supplémentaire aux mots, de plus elle accentue le silence entre les mots. Elle sexualise.

Pour la voix masculine, la portée est plus étroite ; le transgenre homme (femme devenue homme) jouera plus avec sa voix. La personnalité masculine et féminine est comme la musique ; vous pouvez jouer fort ou délicatement avec une grande ou une petite amplitude de tous les instruments de musique, mais pas avec la même technique.

Ceux qui s'identifient comme transgenres et ont la conviction que leur sexe à la naissance est à l'opposé de leur identité de genre demandent fréquemment de l'aide pour franchir le pas et accomplir ce qui correspond à leur identité et à leur expérience de genre. Cela comprend généralement la chirurgie génitale, esthétique, la thérapie hormonale du ou de la transsexuel(le), la chirurgie de la hauteur de la voix, pas toujours nécessaire, et la communication sociale. Une voix féminine peut avoir des répercussions dramatiques chez le transgenre homme. Une voix masculine, chez le transgenre femme, va trahir son état civil et susciter une réaction sociétale et une stigmatisation négatives. Le transgenre, avant sa transformation, peut ne pas aimer se regarder dans un miroir, il ne reconnaît pas son « vrai soi ». Cette personne dans le miroir est quelqu'un d'autre. Pour la personne transgenre, il y a conflit entre l'image qu'elle voit et ce qu'elle ressent. Elle se définit d'ailleurs comme une personne dont l'identité sexuelle psychique ne correspond pas au sexe biologique.

Quel traitement vocal ?

La toux et le rire sont un cauchemar pour le transgenre femme, car elle ne peut les contrôler. Elle parle, elle chante comme une femme ; brutalement elle éclate de rire, c'est le rire d'un homme ;

elle tousse, c'est une voix grave qui s'exprime. Le traitement par œstrogènes ne pouvant pas féminiser la voix des transgenres femmes, c'est un entraînement vocal à la féminisation de la voix qui s'impose. Pour la masculinisation de la voix des transgenres hommes, c'est beaucoup plus simple : la prise de testostérone suffit généralement à abaisser la voix.

Le traitement de la voix transgenre peut nécessiter l'assistance d'un orthophoniste, d'un coach, de professionnels du théâtre, de professeurs de chant. Ceux-ci sont en outre capables de traiter les changements de comportement liés à la voix et à la communication. L'entraînement comprend la diminution de l'effort vocal, du rythme de la respiration, de l'amplitude respiratoire et l'augmentation de la flexibilité vocale. En cas d'échec, il faut recourir à la phonochirurgie.

La voix reste souvent le problème délicat. Enlever la pomme d'Adam, refaire des seins, pratiquer une intervention sur les organes génitaux restent de la « chirurgie corporelle » mais *pas la voix*. La chirurgie de la voix est une chirurgie émotionnelle. L'intervention se fait sous anesthésie générale, pour pratiquer une chirurgie plastique du larynx. L'approche des cordes vocales doit être précise. Les femmes transgenres peuvent être gênées par leur timbre vocal.

Les oto-rhino-laryngologistes ayant une formation spécialisée en laryngologie sont à même de pratiquer des interventions sur la hauteur de la voix, ou interventions phonochirurgicales. Le registre du son fondamental, qui naît au niveau des cordes vocales, est réglé par quatre paramètres principaux : la masse statique, la masse vibratoire, la longueur et la tension des cordes vocales et la pression sous-glottique (souffle qui arrive sous les cordes vocales lors de l'expiration quand on parle). Il est essentiel qu'un traitement complet médical soit entrepris en premier et que la chirurgie ne soit réalisée que dans les cas d'échec. La chirurgie laryngée est particulièrement pratiquée pour les transgenres femmes. Les méthodes de féminisation de la voix chirurgicale impliquent une véritable approche biomécanique. Chacune de ces approches est conçue pour augmenter la vitesse de vibration des cordes vocales : 1. raccourcir les cordes vocales en suturant la partie antérieure des cordes vocales ; 2. réduire leur masse. Ces actes chirurgicaux augmentent la tension des cordes vocales.

Existe-t-il une prédisposition au transgenre ?

Une étude impressionnante sur les personnes transgenres a été menée en 2013 : 33 % des jumeaux homozygotes étaient tous deux transgenres ; pour les jumeaux hétérozygotes, 2,6 % étaient tous deux transgenres. Les études ont commencé avec Zhou *et al.*, en 1995. Les structures cérébrales de la femme transgenre sont similaires en volume et en densité de neurones à celles de la femme née femme ou cisgenre. De même, les structures cérébrales des hommes transgenres ressemblent à celles des hommes cisgenres. Une étude menée par L. Hare en 2009 a rapporté que les gènes des récepteurs à la testostérone des femmes transgenres sont plus longs que ceux des hommes (cisgenres). Et il y a le lien chromosomique avec les hormones. Un lien significatif existe entre un gène impliqué dans l'action de la testostérone et la transsexualité masculine à féminine. L'analyse de l'ADN de 112 transsexuels volontaires de sexe masculin à féminin a montré qu'il existe des variations génétiques : 44,1 % ont un gène plus long pour le récepteur des androgènes et des signaux de testostérone plus faibles. Les facteurs environnementaux, psychologiques et relationnels sont également fondamentaux. Les gènes subissent des modulations (épigénétique) dès la vie intra-utérine et tout au long de la vie. Le système nerveux central et périphérique est sous l'influence du système hormonal. Un homme a sa projection de voix principalement sur le cerveau gauche, le côté raisonné du cerveau ; pour la femme, la projection vocale est des deux côtés, contrôlant la raison et l'émotion. La voix est une cible hormonale impressionnante qui joue avec la génétique.

CONCLUSION

De l'émotion

Depuis la voix des sirènes qui ensorcelèrent Ulysse jusqu'à celle qui fut surnommée « the Voice » (Whitney Houston), du plus grand des castrats, Farinelli, à la voix des femmes transgenres qui se doit d'exprimer leur être profond : la voix féminine est émotion – à la fois émotionnelle et émouvante. Beauté, charme, séduction, mystère, d'où vient le charisme de certaines voix ? Au-delà des explications scientifiques, quand nous les entendons, qu'entendons-nous ?

Séduction et voix féminine

La séduction et le désir sont intimement liés à la voix de la femme. Et on a démontré, ce qui est intrigant au premier abord, qu'en fonction du cycle menstruel naturel, au moment de l'ovulation, la voix était plus attirante. L'impact des hormones sur notre instrument vocal est l'une des causes de ce changement périodique.

La voix est une source d'information presque infaillible dans la séduction. Celle-ci suppose d'avoir quelqu'un à séduire et le désir de séduire, mais souvent, cela présuppose aussi que l'autre accepte d'être séduit. La voix humaine, par sa vibration, est le véhicule de ce signal émetteur-récepteur. Ses vibrations déclenchent certains stimuli, les phéromones et la sécrétion des hormones sexuelles. Essayer de percer le mystère de la séduction vocale reviendrait à en retirer le charme. Nous alignons les chiffres et les explications scientifiques, médicales et acoustiques. Mais réduire la voix humaine à ses gènes, ses neurotransmetteurs, ses cordes vocales, équivaudrait à décrire un tableau en établissant simplement la longueur d'onde des couleurs. De même, nous pouvons expliquer comment les étoiles et le Soleil se sont formés, mais en regardant la Voie lactée, quelque chose d'autre nous emporte, qui dépasse le domaine de l'analyse scientifique. C'est une émotion pure qui conserve tous ses mystères. La séduction de la voix de la femme est inexprimable.

Beauté et émotion sont intimement liées. Il n'y a pas de norme idéale de beauté pour la voix, à aucune époque il n'y a eu d'Apollon ou de Vénus de la voix. Chez les hommes et les femmes, le timbre de la voix, sa musicalité, ses harmoniques font partie intégrante de la personnalité. Lorsque nous séduisons avec notre voix, nous créons un rayonnement intérieur qui engage, réconforte, rassure ou galvanise les autres. Pour séduire, la voix se fait musique. La mélodie des mots fournit des indices susceptibles de nous rassurer, car nous avons l'impression de connaître le mot ou la phrase qui suivent : nous sommes en territoire connu, nous anticipons sans le savoir la prochaine séquence. Une fausse note dans cette musique, et nous sommes perturbés. Si la voix féminine monte ou descend, cela doit se faire très progressivement, sans risquer une note inattendue qui pourrait causer une tension, une rupture. Cela vaut dans tous les types de séduction, également pour la voix projetée dans les médias par les politiciens et les dirigeants. On peut tomber amoureux d'une voix. Certaines patientes m'ont même demandé de leur faire la voix de Marilyn Monroe ou de Céline Dion, voix séduisantes et sensuelles…

D'autres patientes peuvent souhaiter une voix plus aiguë ou plus grave, comme si elles étaient devenues « allergiques » à leur propre voix. La plupart d'entre elles sont aussi mécontentes de leur voix que d'autres de leur nez. J'ai plus d'une fois déconseillé à mes patientes de se faire opérer : le nez de Barbra Streisand lui donne son charme, au-delà de la grande séduction de sa voix, il ne faut surtout pas le modifier ! La chirurgie ne doit être une option que lorsque la voix est profondément dissonante ou qu'il y a rupture entre la voix et la personnalité. Si, en tant que phonochirurgien, je peux parfois modifier la voix et la rendre plus adaptée à l'apparence physique ou à l'image que la femme a d'elle-même pour récupérer une harmonie entre son corps et son timbre, je ne suis que le luthier de l'instrument laryngé. Je peux le réparer ou l'adapter, mais je ne sais pas comment la main qui conduit l'archet va en jouer et cela est essentiel.

Comme un garçon

Un après-midi d'avril 1997, Mme G. B., 47 ans, veste de cuir, col relevé, pantalon noir, cheveux courts châtains, yeux bruns pétillants, entre dans mon cabinet d'une démarche assurée. Sa voix masculine est la voix d'une fumeuse. Cette voix ne me choque pas, elle est en parfaite harmonie avec sa personnalité affirmée. Je lui demande le motif de sa consultation. « Docteur, je suis avocate pénaliste depuis des années. J'ai une voix grave. Souvent, je suis prise pour un homme. Je passe la moitié de mon temps dans les prisons pour défendre des voyous. Je gagne presque tous mes procès. Mais je n'aime plus ma voix. » Je m'interroge : est-ce un prétexte pour faire contrôler ses cordes vocales de peur d'un cancer ? Il ne me semble pas y avoir de conflit entre sa voix et son physique : sa voix est basse, graillonnante, sexy, elle est en accord avec son apparence. Elle attendait que je commente. « C'est vrai, votre voix est grave, mais elle correspond parfaitement à votre personnalité ; elle ne gêne pas, bien au contraire. Vous l'avez depuis des années, pourquoi consulter maintenant ?

– Mon timbre me dérange, je pouvais le gérer jusqu'à présent, mais maintenant je veux changer de voix. » Je lui demande si elle fait du sport : « Oui, des rallyes automobiles avec mon compagnon. » Je l'examine. Le cou est souple, on ne note pas de ganglions. La respiration est parfaite. La vidéolaryngoscopie révèle un œdème des deux cordes vocales, mais l'examen stroboscopique permet d'éliminer la possibilité d'un cancer : l'épithélium vibre. L'état de ses cordes vocales n'est guère surprenant : elle fume 50 cigarettes par jour, boit un whisky tous les soirs – c'est son univers, celui du droit pénal et des rallyes, depuis des années. Selon moi, il ne faut pas opérer.

Il est vrai que ce serait la seule solution pour qu'elle récupère quatre ou cinq notes dans les aigus et perde sa voix masculine. Mais l'harmonie de cette personnalité serait rompue. Après une brève discussion, je comprends que c'est son nouveau compagnon qui n'aime pas sa voix. Or elle tient à cet homme. Elle veut donc tenter l'opération. Ma première réaction fut de lui dire : « Eh bien, changez de compagnon mais ne changez pas de voix ! » Et, plus sérieusement : « Votre personnalité, c'est votre timbre vocal. Donnez-vous le temps de la réflexion. Vous avez une signature vocale superbe. N'allez pas la changer. Votre voix a des accents masculins, mais elle est féminine, tout comme vous. Commencez par diminuer fortement la cigarette, faites des séances de thérapie vocale. Pour l'instant, on n'opère pas. »

Six mois plus tard, c'est une autre femme qui entre dans mon cabinet de consultation. Elle a les cheveux mi-longs, une robe beige, une voix claire et haut perchée. Pendant quelques secondes, je ne reconnais pas cette patiente. C'est dire l'importance de la voix. La femme m'est familière, mais pas la voix. « Vous ne me reconnaissez pas ? – Si, bien sûr, maître, et comment allez-vous avec cette nouvelle voix ? » Elle s'était fait opérer par un confrère. L'examen confirme que l'opération a été très bien pratiquée. Mais qu'en était-il de son moi profond ? Elle semblait en quelque sorte « dissonante ». Après un bref échange, le verdict est terrible : « J'ai perdu mon pouvoir de conviction. Je suis fragile. Je ne reconnais plus ma voix. Quand je rêve, je rêve avec ma voix d'avant. J'ai l'impression que je suis devenue schizophrène de ma voix. » Il y a maintenant une dualité entre sa voix et sa personnalité. Elle ajoute : « Mon compagnon m'a quittée trois mois après mon opération. Il ne pouvait pas supporter ma nouvelle voix. Je perds tous mes procès. » Je lui ai conseillé de faire quinze séances de thérapie vocale et l'ai suivie régulièrement. Un an plus tard, elle a retrouvé l'harmonie de sa personnalité et de sa voix, son charme est revenu. Conclusion : on n'opère pas un polype ou un nodule, on opère une voix, une émotion.

Une voix séduisante n'est pas toujours érotique, mais toujours émotionnelle. La masse musculaire des hommes est déterminée par leur production d'hormones mâles, lesquelles influencent indéniablement le timbre de la voix. Dans un scénario de séduction, la voix est une source d'information presque infaillible qu'une femme peut interpréter comme un signe de force et l'homme écoutant la voix de cette femme comme un signe d'appel. Mammifère doté d'un cerveau reptilien (même s'il ne rugit pas pour attirer une partenaire !), l'homme fournit par sa voix des informations sur lui-même.

Bien qu'il existe effectivement des liens entre la testostérone, les muscles et le timbre de la voix, la réalité est un peu plus complexe. Chez l'homme, les nuances des notes basses dépendent de la présence de notes élevées, comme un écrin renfermant un diamant. Une voix grave qui n'est pas compensée par l'écrin que constituent les fréquences aiguës pour la mettre en relief perd son pouvoir de séduction. Il en est de même chez la femme : une voix aiguë dépourvue de fréquences graves ne résonne pas, ne trahit aucune émotion, aucun désir. La testostérone, hormone indispensable à la libido chez les femmes et les hommes, approfondit la voix.

Peut-on analyser cette « séduction vocale » ? L'étude conduite au début des années 2000 par V. S. Johnston est parvenue à des résultats surprenants. On a fait écouter des voix d'hommes à un groupe de femmes en milieu de cycle menstruel, au moment de l'ovulation. Les hommes avec une voix profonde authentique ont été choisis pour une relation à long terme, tandis que ceux dont la voix était légèrement éraillée ont été choisis pour une relation à court terme. Ainsi, non seulement notre oreille identifie la fréquence fondamentale qui caractérise la hauteur comme basse ou haute, mais elle identifie également les harmoniques. S. A. Collins a, quant à lui, approfondi la question de la séduction de la voix féminine. Des hommes âgés de 18 à 30 ans écoutent des voix de femmes dans la même tranche d'âge : plus la voix est ou semble jeune, plus ils l'apprécient. Il semble donc que pour les deux sexes, la séduction d'une voix soit liée à la représentation de la fertilité sexuelle (et aussi, pour les femmes, selon d'autres études, de la sécurité).

Il a été démontré que l'état neuronal d'un patient est influencé par la musique de son enfance et que la nostalgie a le pouvoir de créer de l'empathie. La séduction de la voix associée à la musique d'une période ancienne de notre vie affecte tout un chacun. Quand des sujets, femmes ou hommes, âgés de 40 à 90 ans, sont invités à parler de leur passé, ils évoquent à plus de 80 % les expériences qu'ils ont faites entre l'âge de 13 et de 22 ans. L'explication scientifique est donc multifactorielle. Lorsqu'on est séduit par son partenaire, lorsqu'on tombe sous le charme de sa voix, lorsque l'érotisme vocal prévaut, cela sécrète de l'ocytocine, l'hormone impliquée dans notre mémoire et notre vie sociale. Le simple fait de rester dans les bras de notre partenaire pendant plus de dix secondes (le temps nécessaire à la stimulation de l'ocytocine) en écoutant de la musique de notre adolescence et en entendant des mots doux stimule la production de cette hormone et de la dopamine. Nous sommes en sécurité émotionnelle.

Certaines voix sont tout à fait impropres à susciter l'émotion. Une voix ennuyeuse introduit des silences artificiels entre les mots et provoque une perte de confiance. Une voix obséquieuse, trop languissante, avec des tournures de phrase artificielles, provoque une réaction de rejet. La voix en colère est enlevée. La voix apathique qui signale une séparation, la déception ou l'échec ralentit au rythme de trois syllabes par seconde au lieu des huit qui caractérisent habituellement une conversation normale. Une voix triste entraîne une baisse des niveaux de phéromones et augmente la sécrétion de prolactine chez l'auditeur.

La réaction primaire de nos cerveaux reptilien et limbique incite l'hypothalamus à produire des sécrétions hormonales. Les vibrations vocales suffisent à libérer un flot d'émotion, mêlant beauté et séduction, érotisme et extase. La voix est le reflet de notre vie, ou plus exactement de nos vies, de notre passé, de nos souffrances et de nos joies. À travers certains réflexes vibratoires, la voix ressuscite des impressions anciennes associées à une source de plaisir et de bien-être. C'est pourquoi le souvenir de la musicalité de la voix de notre mère reste un élément essentiel de toute notre vie.

La voix parfaite n'existe pas. Je ne crois pas au concept d'une voix « normale ». Une voix peut apparaître particulière ou étrange. Elle peut être étiquetée pathologique quand une patiente ne reconnaît plus sa propre voix et ressent une rupture entre son vécu vocal et elle-même. Elle peut estimer que sa voix est brisée, blessée ou altérée. Mais la voix est toujours le reflet de notre personnalité. Sa séduction, son charme et sa beauté enrichissent émotionnellement les autres et soi-même. J'ai plus d'une fois déconseillé à mes patientes de se faire opérer. Les imperfections vocales sont même souvent le point de départ de l'attraction exercée par une voix. Les blessures et les cicatrices de la vie apportent à la voix sa fermeté, sa couleur si personnelle. La voix de la femme peut changer, devenir enrouée, métallique, monotone, rauque ou terne. Écouter les voix féminines d'Aretha Franklin, de Billie Holiday ou

Angélique Kidjo.

de Whitney Houston, écouter ces voix qui alternent les graves et les aigus, le calme et la tourmente, écouter ces voix marquées par le destin et qui nous évoquent le blues, nous transportent dans leur passé, leur résilience, leur histoire.

La voix de Kidjo impose un rythme qui nous emmène dans la savane d'Afrique. Ces chants sont hors mode. Ils semblent avoir toujours existé. Pour cette mezzo-soprano, garder ce timbre vocal n'a pas été sans embûches. Mais sa force de conviction et son hygiène de vie, dignes de celles d'un athlète, lui ont permis de conserver cette voix puissante, sincère et si authentique. La voix de Kidjo, chanteuse française et afro-américaine, originaire du Bénin, a baigné dans les vibrations du berceau et des racines de l'humanité.

Une voix charismatique résonne et continue de voyager dans le silence longtemps après le dernier mot, le dernier son, comme la pédale du piano qui fait traîner la résonance de l'accord et des harmoniques de la dernière note. Tel est le mystère de l'émotion du parfum de la voix. Ce qui compte, c'est ce que l'autre perçoit. Notre énergie, notre force intérieure, la sincérité de notre mission et notre vision de la vie peuvent ainsi être la source du charisme de toute voix.

Voix de femme. Sa magie et sa force nous transportent, nous rassurent. Ce voyage que nous venons de parcourir dans la traversée de la tempête hormonale de son existence et son impact émotionnel, c'est le cycle de la vie. Sa voix n'est-elle pas le fil d'Ariane de l'humanité ?

Références bibliographiques

CHAPITRE 1 – D'OÙ VIENT LA VOIX ?

E. Callaway, « Studies slow the human DNA clock », *Nature*, 2012, 489, p. 343-344.

R. L. Cann, M. Stoneking & A. C. Wilson, « Mitochondrial DNA and human evolution », *Nature*, 1987, 325, p. 31-36.

H. Damasio *et al.*, « The return of Phineas Gage : The skull of a famous patient yields clues about the brain », *Science*, 1994, 264.

W. Enard *et al.*, « Molecular evolution of FOXP2, a gene involved in speech and language », *Nature*, 2002, 418, p. 869-872.

M. T. Ross *et al.*, « The DNA sequence of the human X chromosome », *Nature*, 2005, 434, p. 325-337.

I. C. Weaver, « Epigenetic programming by maternal behaviour », *Nature Neuroscience*, 2004, 7 (8), p. 847-854.

CHAPITRE 2 – NAISSANCE DE LA VOIX

D. A. Abrams & V. Menon, « Neural circuits underlying mother's voice perception predict social communication abilities in children », *PNAS*, 2016, 113 (22), p. 6295-6300.

C. Barncard, « For comfort, mom's voice works as well as a hug », *University of Wisconsin-Madison News*, 11 mai 2010.

A. Lahav, « A reply to El-Dib and Glass : Neuroplasticity in the auditory cortex in premature newborns exposed to recorded maternal sounds », *PNAS*, 2015, 112 (31), E4167.

B. A. Shaywitz *et al.*, « Sex differences in the functional organization of the brain for language », *Nature*, 1995, 373, p. 607-609.

A. R. Webb *et al.*, « Mother's voice and heartbeat sounds elicit auditory plasticity in the human brain before full gestation », *PNAS*, 2015, 112 (10), p. 3152-3157.

B. Wicker *et al.*, « Both of us disgusted in my insula : The common neural basis of seeing and feeling disgust », *Neuron*, 2003, 40 (3), p. 655-664.

CHAPITRE 3 – VOYAGE AU CENTRE DE LA VOIX

B. H. Jacobson *et al.*, « The Voice Handicap Index (VHI) development and validation », *American Journal of Speech-Language Pathology*, août 1997, p. 66-70.

C. A. Rosen *et al.*, « Development and validation of the Voice Handicap Index-10 », *The Laryngoscope*, 2004, 114 (9), p. 1549-1556.

K. Sato & M. Hirano, « Histolic investigation of the macula flava of the human vocal fold », *Annals of Otology, Rhinology, and Laryngology*, 1995, 104 (2), p. 138-143.

Y. Toya *et al.*, « Interspecies comparison of stellate cell-containing macula flavae and viatamin A storage in vocal fold mucosa », *Journal of Anatomy*, 2014, 225 (3), p. 298-305.

CHAPITRE 4 – DE LA VOIX AUX MOTS

F. Grosjean, « Spoken word recognition processes and the gating paradigm », *Perception & Psychophysics*, 1980, 28 (4), p. 267-283.

N. J. Lass *et al.*, « Speaker sex identification from voiced, whispered and filtered isolated vowels », *Journal of the Acoustical Society of America*, 1976, 59, p. 675-678.

H. Traunmüller & A. Eriksson, « F_0-excursions in speech and their perceptual evaluation as evidenced in liveliness estimations », *Perilus*, XVII, 1993, p. 1-34 (Dept. of Linguistics, Stockholm University).

S. P. Whiteside, « The identification of a speaker's sex from synthesized vowels », *Perceptual & Motor Skills*, 1998, 87, p. 595-600.

CHAPITRE 6 – LE CYCLE HORMONAL

J. Abitbol, « Vocal cord hemorrhages in voice professionals », *Journal of Voice*, 1988, 2, p. 261-266.

J. Abitbol *et al.*, « Does a hormonal vocal cord cycle exist in women ? Study of vocal premenstrual syndrome in voice performers by videostroboscopy-glottography and cytology on 38 women », *Journal of Voice*, 1989, 3 (2), p. 157-162.

J. Abitbol, P. Abitbol & B. Abitbol, « Sex hormones and the female voice », *Journal of Voice*, 1999, 13 (3), p. 424-446.

O. Amir, L. Kishin-Rabin & C. Muchnik, « The effect of oral contraceptives on voice », *Journal of Voice*, 2002, 16 (2), p. 267-273.

P. I. Banai, « Voice in different phases of menstrual cycle among naturally cycling women and users of hormonal contraceptives », *PLOS One*, 2017, 12 (8), e0183462, en ligne.

F. M. B. Lã *et al.*, « The effects of a third generation combined oral contraceptive pill on the classical singing voice », *Journal of Voice*, 2007, 21 (6), p. 754-761.

S. R. Newman *et al.*, « Preliminary report on hormone receptors in the human vocal fold », *Journal of Voice*, 2000, 14 (1), p. 72-81.

M. Pedersen, *Normal Development of Voice in Children : Advances in Evidence-Based Standards*, Berlin, Springer, 2008.

S. C. Roberts *et al.*, « Female facial attractiveness increases during the fertile phase of the menstrual cycle », *Proceedings of the Royal Society of London B*, 2004, 271 (suppl.), p. S270-S272.

D. Sanders *et al.*, « Mood, sexuality, hormones, and the menstrual cycle », *Psychosomatic Medicine*, 1983, 45 (6), p. 487-501.

S. Verkaik, « The treatment of premenstrual syndrome with preparations of Vitex agnus castus : A systematic review and meta-analysis », *American Journal of Obstetrics & Gynecology*, 2017, 217 (2), p. 150-166.

C. Völter *et al.*, « Detection of hormone receptors in the human vocal fold », *European Archives of Oto-Rhino-Laryngology*, 2008, 265 (10), p. 1239-1244.

CHAPITRE 7 – QUARANTE ANS DE LA VIE D'UNE FEMME

M. S. Benninger & J. Abitbol, « Dysphonia and the aging voice », *Voice*, 2006, p. 67-85 (American Academy of Otolaryngology).

M. J. Boulet & B. J. Oddens, « Female voice changes around and after the menopause : An initial investigation », *Maturitas*, 1996, 23 (1), p. 15-21.

E. D'Haeseleer *et al.*, « The relation between body mass index and speaking fundamental frequency in premenopausal and postmenopausal women », *Menopause : The Journal of the North American Menopause Society*, 2011, 18 (7), p. 754-758.

Y. Firat *et al.*, « Effect of intranasal estrogen on vocal quality », *Journal of Voice*, 2009, 6, p. 716-720.

CHAPITRE 9 – MES CONSEILS

J. Aviv, *Killing me Softly from Inside*, North Charleston (SC), Create Space, 2012.

J. Aviv, *The Acid-Watcher Diet : A 28-Day Reflux Prevention and Healing Program*, New York, Harmony Books, 2017.

P. C. Belafsky, G. N. Postma & J. A. Kaufman, « Validity and reliability of the Reflux Symptom Index (RSI) », *Journal of the Voice*, 2002, 16 (2), p. 274-277.

CHAPITRE 11 – LE TRANSGENRE FEMME

M. Diamaond, « Transsexuality among twins : Identity concordance, transition, rearing, and orientation », *International Journal of Trangenderism,* 2013, 14 (1), p. 24-38.

L. Hare *et al.*, « Androgen receptor repeat length polymorphism associated with male-to-female transsexualism », *Biological Psychiatry*, 2009, 65 (1), p. 93-96.

J. N. Zhou *et al.,* « A sex difference in the human brain and its relation to transsexuality », *Nature,* 1995, 378 (6552), p. 68-70.

CONCLUSION – DE L'ÉMOTION

S. A. Collins & C. Missing, « Vocal and visual attractiveness are related in women », *Animal Behavior*, 2003, 65, p. 997-1004.

V. S. Johnston *et al.*, « Male facial attractiveness : evidence for hormone-mediated adaptive design », *Evolution and Human Behavior*, 2001, 22, p. 251-267.

R. N. Pipitone & G. G. Gallup Jr, « Women's voice attractiveness varies across the menstrual cycle », *Evolution and Human Behavior*, 2008, 29 (4), p. 268-274.

Remerciements

À Béatrice, gynécologue, qui a partagé ma passion sur la voix féminine et m'a donné l'étincelle pour créer et écrire ce livre.

À mes enfants, mon fils Patrick, oto-rhino-laryngologiste, et ma fille Delphine, pédiatre, qui m'ont apporté une aide précieuse, une affection, une compréhension et une écoute attentive dans l'élaboration et l'écriture de cet ouvrage.

À Robert T. Sataloff, professeur ORL, doyen de la faculté de Pennsylvanie Drexel University et président de la Voice Foundation, pour son amitié, son esprit éclairé, ses discussions, ses conseils toujours judicieux, avisés, et sa sagesse.

À Mary J. Hawkshaw, professeur en sciences humaines, pour son approche critique, constructive et amicale.

À Thomas Murry, professeur orthophoniste à San Diego, pour ses suggestions et ses conseils dans le monde scientifique, médical et artistique de la voix.

À Michael S. Benninger, professeur ORL, oto-rhino-laryngologiste et président de la Cleveland Clinic, avec qui je voyage depuis bien des années dans le monde de la voix. Retrouve ici le témoignage de mon amitié.

À Peak Woo, professeur, oto-rhino-laryngologiste au Mount Sinai Hospital de New York, trouve ici la reconnaissance de ta bienveillance et de ton esprit analytique, scientifique et artistique.

Et à Odile Jacob pour son approche critique toujours très appropriée et amicale.

Crédits des illustrations

Page 14 Maria Callas dans le rôle de Violetta au Royal Opera House, photo de Houston Rogers (1958), Houston Rogers Archive Photo, © Collection Dagli Orti/Victoria and Albert Museum Londres/V&A Images/Aurimages.

Page 14 La cantatrice italienne Renata Tebaldi dans le rôle de Desdémone (1960), © Akg-images/ullstein bild.

Page 17 Hélène Séguara, © Marc Chaumeil/Divergence.

Page 19 Céline Dion : concert du 19 mai 2008 au Palais omnisport de Paris-Bercy, © Simon Dubois/Fastimage.

Page 153 *La Danse* (Cléo de Mérode), de Jean-Alexandre Falguière, salon de 1896, © Neurdein/Roger-Viollet.

Page 215 Portrait de Farinelli, huile sur toile de Corrado Giaquinto, © Akg/De Agostini Pict. Lib.

Page 218 Maria de la Felicidad Malibran dans le rôle de Desdémone au IVe acte d'*Otello* de Gioacchino Rossini, peinture de Henri Decaisne (1799-1852), musée de la Vie romantique, Paris, © Leemage.com.

Page 234 Angélique Kidjo © Richard Pierce.

Les figures pages 28, 32, 33, 33, 37, 33, 38, 68, 69, 99 et 117 sont de Casey Fisher.

Les figures pages 48, 88, 118 et 130 sont de Jean Abitbol.

Table

PARTIE II

MOMENTS DE VIE

PARTIE III

VOIX, REFLET DE VOTRE SANTÉ

PARTIE IV

LA VOIX SE REBELLE

Cet ouvrage a été composé
en Adobe Garamond Pro
par Nord Compo
à Villeneuve-d'Ascq (Nord).

N° d'édition : 7381-4675-X – N° d'impression : 1901.0024
Dépôt légal : février 2019

Imprimé en France